会社役員なら
これだけは知っておきたい

精選 会計キーワード

公認会計士 郡司 昌恭 著

清文社

はじめに

　昨今、不正会計によるニュースがネットや新聞紙面を騒がせているのを目にします。適正な財務諸表を作成し、開示する最終的な責任は経営者にあるため、これまで経理や財務に直接携わった経験があるか否かにかかわらず、経営者には会計に対する一定の知識が不可欠です。また、取締役や監査役の方々は経営を監視・監督する立場にあるため、その職責を果たす上で、経営者と同様に財務諸表を理解する力が求められています。

　本書は普段、会計や経理に直接携わっていないものの、財務諸表と無縁ではいられない取締役や監査役の方々を対象に、実務でよく登場する会計のキーワードを簡潔に解説したものです。

　会計に対する深い知識をお持ちでない方を対象として、なによりもわかりやすさに重点をおいています。そのため、専門的な見地からは細部の取扱いについての言及が足りない部分もありますが、その点はあえてそうしていますのでご理解ください。

　また、本書は最初のページから順番に読んでいただくことはもちろん、自社で話題に上っていることや他社のニュースで気になったことなど興味・関心があるキーワードの箇所を直接お読みいただくことも想定しています。そのため基本的にはキーワードごとに独立した記述とした上で、相互に関連する部分については参照先を記載しています。

　本書を通じて、「気にはなっているけれど、少しとっつきにくい」という印象を持っていた会計に対する理解が深まれば幸いです。

2016年10月

公認会計士　郡司　昌恭

1 財務諸表 　　　　　　　　　　　　　　　　　　　　　　01
Column 勘定科目とは／03
2 貸借対照表 　　　　　　　　　　　　　　　　　　　　　04
Column 純資産は解散価値？／10
3 損益計算書 　　　　　　　　　　　　　　　　　　　　　11
4 キャッシュ・フロー計算書 　　　　　　　　　　　　　　19
Column キャッシュ・フロー計算書はウソをつかない／24
5 株主資本等変動計算書 　　　　　　　　　　　　　　　　26
Column 前期末と当期首で数字が異なる？／29
6 売 上 高 　　　　　　　　　　　　　　　　　　　　　　30
Column 包括的な会計基準の開発が始まる／35
7 工事進行基準 　　　　　　　　　　　　　　　　　　　　36
Column 工事損失引当金／40
8 棚卸資産 　　　　　　　　　　　　　　　　　　　　　　41
Column 適用できなくなった「後入先出法」／49
9 有価証券 　　　　　　　　　　　　　　　　　　　　　　51
10 貸倒引当金 　　　　　　　　　　　　　　　　　　　　　58
Column 引 当 金／66
11 有形固定資産 　　　　　　　　　　　　　　　　　　　　67
Column IFRS導入で定額法へ／72
12 資産除去債務 　　　　　　　　　　　　　　　　　　　　73
Column 資産除去債務の計上事例／77
13 無形固定資産・ソフトウェア 　　　　　　　　　　　　　78
Column 市場販売目的のソフトウェアは販売予測が重要／83
14 の れ ん 　　　　　　　　　　　　　　　　　　　　　　85
Column M&Aを積極的に活用する会社が無視できないのれんの会計処理／91
15 固定資産の減損会計 　　　　　　　　　　　　　　　　　92
Column 割引計算／97
16 子会社株式の評価 　　　　　　　　　　　　　　　　　　99
17 税効果会計 　　　　　　　　　　　　　　　　　　　　104
18 繰延税金資産 　　　　　　　　　　　　　　　　　　　112
Column 業績の悪化に追い打ちをかける税効果会計／115
19 研究開発費 　　　　　　　　　　　　　　　　　　　　116
20 リース会計 　　　　　　　　　　　　　　　　　　　　119
Column 注記事項からわかるオフバランスのリース債務／123
21 退職給付会計 　　　　　　　　　　　　　　　　　　　125
Column 「数理計算上の差異等」のオンバランス／131

22	ストック・オプション	*133*

Column 有償ストック・オプション／137

23	自己株式	*138*

Column 自己株式の取得は配当と同じ／140

24	外貨建取引	*141*

25	連結決算	*144*

Column 子会社を利用した利益操作は連結決算のもとでは無力／147

26	持 分 法	*148*

27	会計方針	*153*

28	会計上の見積り	*157*

Column「会計上の見積り」は重要な監査項目／161

29	過年度遡及	*162*

Column 買収先が不適切な会計処理をしているリスク／165

30	セグメント情報	*166*

Column セグメント情報から見えてくる会社の意外な一面／169

31	関連当事者	*170*

Column 関連当事者との取引の網羅性／174

32	一株当たり利益	*175*

Column 自己株式の取得は一株当たり利益を押し上げる／178

33	潜在株式調整後一株当たり利益	*179*

34	偶発債務	*183*

35	後発事象	*186*

36	継続企業の前提	*190*

37	決算短信	*194*

Column XBRL データ／198

38	有価証券報告書	*199*

Column 有価証券報告書からはこんな情報も読み取れる／205

39	会社法計算書類	*206*

40	IFRS（国際財務報告基準）	*209*

41	会計監査	*212*

42	内部統制報告制度（JSOX）	*216*

43	不正会計	*219*

キーワード1

財務諸表

経営に近い立場で仕事をするようになり、貸借対照表や損益計算書など財務に関する資料に触れる機会が増えてきました。そこではじめに、よく耳にする「財務諸表」とは、具体的に何を指しているのか教えてください。

財務諸表とは、次の5つの計算書をいいます。

- ❶ 貸借対照表（☞4ページ）
- ❷ 損益計算書（☞11ページ）
- ❸ 株主資本等変動計算書（☞26ページ）
- ❹ キャッシュ・フロー計算書（☞19ページ）
- ❺ 附属明細表

このうち、❶貸借対照表から❹キャッシュ・フロー計算書までは、本書で個別に取り上げます。

❶貸借対照表	決算期末日現在の会社の資産・負債・純資産を表にまとめたもので、会社の財政状態を示すもの
❷損益計算書	売上高や費用、その差額である利益を表にまとめ、1年間の会社の経営成績を示すもの
❸株主資本等変動計算書	貸借対照表の純資産の各項目が、期首から決算期末日までの間にどのように変動したかを示すもの
❹キャッシュ・フロー計算書	キャッシュ（資金）の動きを活動別に表にまとめ、1年間で会社の資金がどのような要因でどれだけ増減したかを示すもの

❺の附属明細表は、普段あまり目にすることはありませんが、主に上場会社が開示している**有価証券報告書**（☞199ページ）という書類に含まれています。附属明細表は、**有形固定資産**（☞67ページ）や借入金など特定の勘定科目について期首から期末までの残高の増減をまとめた表です。

 ## 連結財務諸表

　子会社を持つ会社が、自社の財務諸表に子会社の財務諸表を合算し、企業集団全体のものとして作成する財務諸表を連結財務諸表といいます。

　連結財務諸表は、次の6つの計算書からなります。

---

❶　連結貸借対照表
❷　連結損益計算書
❸　連結包括利益計算書
❹　連結株主資本等変動計算書
❺　連結キャッシュ・フロー計算書
❻　連結附属明細表

　連結財務諸表には、個別の財務諸表にはない❸連結包括利益計算書というものがあります。「包括利益」とは、連結損益計算書の当期純利益にその他有価証券の時価評価差額の増減額や退職給付に係る調整額などを加減算して計算する利益です。

　包括利益は、国際的な会計基準である IFRS（国際財務報告基準）（☞209ページ）や米国会計基準では以前からある利益の概念です。日本においては2010年に包括利益の会計基準が公表され、連結

上の包括利益を計算・表示するものとして、連結包括利益計算書が連結財務諸表の1つとされました。

四半期・中間財務諸表

　上場会社では2008年から、1年間を3か月ごとに区切った四半期単位による（連結）財務諸表を開示することとされました。このとき作成される（連結）財務諸表を「四半期（連結）財務諸表」といいます。また、四半期（連結）財務諸表が導入された後も、一部の会社では半年ごとの「中間（連結）財務諸表」が作成されています。

　四半期（連結）財務諸表や中間（連結）財務諸表は、1年に1度作成される（連結）財務諸表に比べて作成・開示する書類の内容が簡略化されています。

column 勘定科目とは

　本書では「勘定科目」という用語がたびたび登場します。財務諸表には、会社が行った取引の結果を、類似する内容ごとに集約して表示しますが、その際に集約する項目の名称を勘定科目といいます。例えば、顧客に販売した商品やサービスの金額は「売上高」（☞30ページ）という勘定科目に集約されます。各社がバラバラの勘定科目を使用していては、会社間の業績の比較などをすることが難しくなりますので、貸借対照表や損益計算書の表示に用いる主要な勘定科目は、財務諸表等規則などによってあらかじめ定められています。

キーワード2

貸借対照表

財務諸表（☞1ページ）の1つに貸借対照表があることは知っていますが、貸借対照表はどのような構成になっているのでしょうか。また、貸借対照表からは会社の財務的な安全性がわかるそうですが、具体例を交えて教えてください。

貸借対照表は、決算期末日現在の会社の財政状態を表す計算書です。貸借対照表は大きく、「資産」、「負債」、「純資産」の3つのパートから構成されています。そして、資産＝負債＋純資産という等式で、資産と負債・純資産がバランスしていることから、バランス・シート（Balance Sheet）といわれています。その頭文字をとったBS（ビーエス）の略称もよく用いられます。

貸借対照表の構成

貸借対照表は、次ページの表のような構成になっています。左側は、会社が決算期末日現在で保有している現金預金や**棚卸資産**（☞41ページ）、土地といった資産の状態を示しています。

次に、右上の負債は、銀行からの借入金や仕入先に対する買掛金など、将来返済（支払）する義務がある資金の調達状況を示しています。

最後に、右下の純資産は、株主から調達した返済義務のない資金と、それを元手に蓄積した利益の状況などを示しています。資

産＝負債＋純資産ですので、資産から負債を差し引いた差額が純資産であるということもできます。

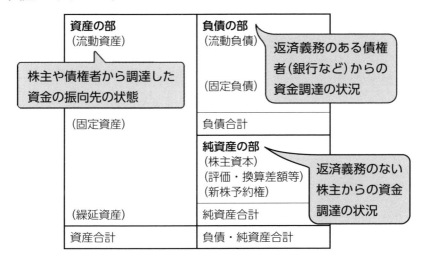

資　　産

　資産は、流動資産と固定資産、そして繰延資産に分類されます。現金預金→棚卸資産→不動産（土地や建物）といったように換金可能性の高いもの、つまり流動性の高いものから順に上に表示する流動性配列法という考え方で表示されています。

❶流動資産

　流動資産には、現金預金や売掛金、棚卸資産など、正常な営業循環過程にある資産のほか、短期貸付金など営業活動には直接関係しない資産のうち１年以内に回収されるものが計上されます。

❷固定資産

　固定資産には、事業に用いる建物や機械装置などの**有形固定資産**（☞67ページ）、**ソフトウェア**（☞78ページ）やＭ＆Ａによって生じる**のれん**（☞85ページ）などの無形固定資産、そして余剰資金の運用などの目的で保有する投資有価証券などの投資その他の資産が計上されます。

❸繰延資産

　繰延資産には、役務の提供を受け、支出が行われたにもかかわらず、その効果が将来にわたると期待されるものを計上します。

　繰延資産に計上できる項目は会社設立時の創立費や開業費などに限定されていることから、繰延資産の計上がない会社も珍しくありません。

 負 債

負債は流動負債と固定負債に分類されます。

❶流動負債

　流動負債には、支払手形や買掛金、未払金など、正常な営業循環過程にある債務のほか、借入金など１年以内に返済期限が到来する債務が計上されます。

❷固定負債

　固定負債には、社債や借入金などのうち１年を超える期間にわたって返済する義務のある債務や**退職給付に係る負債**（☞125ページ）が計上されます。

　　　　純　資　産　　　　

　純資産は、株主資本と評価・換算差額等、そして新株予約権からなります。

❶株主資本

　株主資本は、株主から受けた出資である資本金や資本剰余金のほか、それらを事業に投資し獲得した利益の累積額である利益剰余金からなります。
　また、会社が自社の株式（**自己株式**）（☞138ページ）を保有している場合には、出資の払戻の意味を持ちますので、自己株式は株主資本のマイナス項目として計上されます。

❷評価・換算差額等

　投資有価証券（☞51ページ）の中には、決算日ごとに時価評価し、その時価評価による差額を損益ではなく、純資産の部に直接計上する会計処理を行うものがあります。
　このような有価証券のいわゆる含み損益を純資産の部の評価・換算差額等に計上します。ほかにも、一定のデリバティブ取引を

時価評価した金額などがここに計上されます。

❸新株予約権

会社が**ストック・オプション**（☞133ページ）など、自社の株式を取得できる権利を他者に付与した場合、その金額が新株予約権として株主資本とは別に区分して計上されます。

　　貸借対照表の見方　　

貸借対照表からは、会社の財務的な安全性を把握することができます。いくつかの例を使ってみてみましょう。

ケース・スタディ

資産		負債	
	1,000億円		1,100億円
（うち流動資産	500億円）	（うち流動負債	1,000億円）
（うち固定資産	500億円）	（うち固定負債	100億円）
		純資産	
			△100億円

　負債が資産を上回っており、純資産はマイナスになっています。いわゆる債務超過の状態にあります。さらに細かくみると、負債1,100億円のうち、短期間に弁済しなければならない流動負債が1,000億円を占めています。

　しかし、短期間に資金として回収される流動資産は500億円しかなく、このままでは早晩資金繰りに行き詰まり、倒産することになります。

　もっとも、現実にはこの例ほど財政状態が悪化している会社は、決算書を作る前に倒産しているかもしれません。

なお、流動負債に対する流動資産の比率を「流動比率」といい、最低でも100％を超えている必要があるといわれるところ、先の例における会社では50％（流動資産500億円÷流動負債1,000億円×100）と著しく低い水準になっています。

もう1つみてみましょう。

> **ケース・スタディ**
>
> 次のA社、B社は同じ資産1,000億円規模の会社ですが、負債と純資産の構成は大きく異なります。
>
> A社
>
> | 資産 | 負債 |
> |---|---|
> | 1,000億円 | 500億円 |
> | | 純資産 |
> | | 500億円 |
>
> B社
>
> | 資産 | 負債 |
> |---|---|
> | 1,000億円 | 900億円 |
> | | 純資産 |
> | | 100億円 |
>
> 資産の中身が両社とも同じであると仮定した場合、どちらの会社が財務的な安全性が高いかといえば、返済の必要のない純資産が多額であるA社ということになります。銀行が貸出の相手先としてA社とB社のいずれかを選ぶとすればA社を選ぶでしょう。
>
> しかし、投資家の目線からは少し異なった見方があります。会社が倒産してしまったら株式は紙くずになってしまいますが、一方でうまく借金を活用している会社はそれだけ株主へのリターンが期待できます。
>
> もし、会社が成長産業に属しており、資金さえあれば大きな利益が見込めるときに、低い金利で資金を調達することができれば、投資家は自らの出資は小さくても、借金の力を借りて（レバレッジを効かせて）大きなリターンを得ることができます。

財務諸表は、銀行などの会社に対する債権者や投資家など、異

なる目的を持った利害関係者が利用するものです。貸借対照表についても、その目的により、いろいろな見方ができます。

column
純資産は解散価値？

　新聞などで、純資産が会社の「解散価値」であるといった表現を目にすることがあります。解散価値とは、今すぐ会社を解散したと仮定した場合に、会社の所有する資産を処分して負債を返済した後に残る株主への払戻額です。よく見られる表現としては、株価が下落基調にあるときに、純資産を発行済株式総数で割って算出する一株当たり純資産よりも株価のほうが低いので、株価は解散価値を下回っていて割安だというものがあります。

　しかし、これは会計の観点からはあまり正確とはいえません。貸借対照表は、継続企業を前提に作成されていますので、すべての資産・負債が時価で評価されているわけではなく、また、時価評価されているものも、それと同額で換金できる保証はありません。さらに資産の中には、**税効果会計**（☞104ページ）による**繰延税金資産**（☞112ページ）や長期前払費用のように、そもそも換金性のない資産も多く含まれています。

　このような要因から、一株当たり純資産が解散価値であるという表現を見るたびに違和感を持ってしまいます。個人的には、一般的に広く浸透してしまっているのが残念なところです。

キーワード3

損益計算書

営業利益や経常利益など、損益計算書にはさまざまな利益が登場します。それぞれの利益が何を意味しているのか、損益計算書の基本的な見方と合わせて教えてください。

「損益計算書」とは、会社が一定期間にどれだけ**売上高**（☞30ページ）をあげて最終的な利益を獲得したか、すなわち、「経営成績」を表す計算書です。

損益計算書は、英語の「Profit and Loss Statement」の頭文字をとってPLとも呼ばれます。

損益計算書には、会社単体ベースで作成される損益計算書、**連結**（☞144ページ）グループ全体のものとして作成される連結損益計算書があります。上場会社の業績が報道される場合、連結子会社がある会社、すなわち連結財務諸表を作成している会社においては、一般的に連結損益計算書の数値をもとにしています。

ここでは、特に断りのない限り、最も基本的な、会社単体ベースの損益計算書について解説します。

損益計算書の構成

損益計算書は、次ページの表のような構成になっています。それぞれの項目について簡単に説明します。

〈損益計算書の例〉　　　　　　　　　　　　　　（単位：百万円）

	科目	X期
❶	売上高	100,000
❷	売上原価	60,000
❸	**売上総利益**	**40,000**
❹	販売費及び一般管理費	30,000
❺	**営業利益**	**10,000**
❻	営業外収益	500
	営業外費用	300
❼	**経常利益**	**10,200**
❽	特別利益	1,000
	特別損失	2,000
❾	**税引前当期純利益**	**9,200**
❿	法人税、住民税及び事業税	3,000
	法人税等調整額	200
⓫	**当期純利益**	**6,000**

❶売上高

　まず損益計算書の一番上にくるのが売上高です。売上高は、会社が1年間でどれだけの商品やサービスを顧客に提供したかを表すと同時に、会社の利益の源泉となる重要なものです。

　売上高は、同業種の企業間で会社の規模を比較する際の指標としても、しばしば用いられます。

❷売上原価

　売上原価は、売上高に直接紐付くコストを表しています。例え

ば、商品を仕入れて販売する小売業の場合には、商品の仕入原価のうち1年間で販売された分に対応する額を売上原価として計上します。

❸売上総利益

売上高から、売上原価を差し引いた額が売上総利益です。損益計算書にはいくつかの利益（各段階利益。左表の太字部分）が出てきますが、その中でも一番上に出てくるものが売上総利益です。一般に「粗利」と呼ばれることもあります。

❸売上総利益 ＝ ❶売上高 － ❷売上原価

❹販売費及び一般管理費

売上原価のように、売上高に直接的に紐付くコストではないものの、会社が営業活動を行う上で日々発生する間接的なコストが販売費及び一般管理費です。

販売費及び一般管理費は多くの費目からなっています。例えば、販売費には広告宣伝費や営業部門の人件費など、一般管理費には本社・事務所の賃借料や役員報酬などが該当します。

❺営業利益

売上総利益から販売費及び一般管理費を差し引いたものを営業利益といいます。売上高から、直接的なコストである売上原価と、間接的ながら営業活動を行う上で不可欠のコストである販売費及

び一般管理費を差し引いた後の利益です。このため営業利益は「本業から生じる利益」ともいわれます。

会社の業績が報道されるときに、⓫当期純利益と並んでよく用いられるのが、この営業利益です。

❻営業外収益・営業外費用

事業目的と直接関係はないものの、経常的に発生する収益を営業外収益といいます。また、売上高に直接的・間接的に対応するコストではないものの、会社が事業活動を営む上で経常的に発生する費用を営業外費用といいます。

多くの会社で計上される営業外収益の例としては、保有する預金からの受取利息や**有価証券**（☞51ページ）からの受取配当金があります。

一方、営業外費用には借入金や社債に対して発生する支払利息

があります。

　このほかに、外貨建ての債権や債務などについて、為替相場の変動により生じる為替差損益も営業外収益又は費用に計上されます。

❼経常利益

　営業利益に営業外収益・営業外費用を加減算して算出するのが経常利益です。文字どおり、営業活動以外から生じる経常的な収益・費用を加味した後の利益です。

　不動産業などでみられるように、借入金によって多額の資金を調達することで事業を営む会社については、支払利息を差し引いた後の経常利益から業績を評価することが適切な場合もあります。

> ❼経常利益 ＝ ❺営業利益 ＋ ❻営業外収益 － ❻営業外費用

＜❺営業利益と❻営業外収益・営業外費用、❼経常利益の関係＞

❽特別利益・特別損失

　臨時で巨額の損益が発生した場合、経常利益より下に別途、特別利益や特別損失として表示します。

　例えば、特別利益には事業用の土地を売却して得た**固定資産**（☞67、78ページ）売却益があり、特別損失には**固定資産の減損損失**（☞92ページ）や災害により被った損害などがあります。

❾税引前当期純利益

　経常利益に特別損益を加減算したものを税引前当期純利益として表示します。税引前当期純利益までは、会社の利益（所得）に応じて発生する税金を差し引く前の利益になっています。

---
❾税引前当期純利益 ＝ ❼経常利益 ＋ ❽特別利益 － ❽特別損失

---

❿税金費用

　1年間の利益に対してかかる法人税などの税額と**税効果会計**（☞104ページ）を適用することによる法人税等調整額を税金費用として計上します。

⓫当期純利益

　税引前当期純利益から税金費用を差し引いた残りを、当期純利益として表示します。経常的な損益か臨時的な損益かにかかわらず、1年間の会社の活動の成果として最終的に残った利益であり、

株主への配当金の原資となる利益です。当期純利益は、一般に最終利益と呼ばれることもあります。

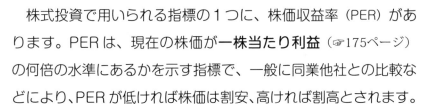

特別損益に注意

　株式投資で用いられる指標の1つに、株価収益率（PER）があります。PERは、現在の株価が**一株当たり利益**（☞175ページ）の何倍の水準にあるかを示す指標で、一般に同業他社との比較などにより、PERが低ければ株価は割安、高ければ割高とされます。

　一株当たり利益は、当期純利益を期中平均株式数で除して計算されますので、当期純利益が大きいほど一株当たり利益は大きくなり、PERは低くなります。したがって、本業の利益である営業利益は例年並みの水準でも、固定資産の売却などによって多額の特別利益が発生した場合、当期純利益が大きく増加することでPERが低下し、株価が割安に見えます。

　しかし、特別利益は臨時の利益であるため次年度には発生しません。それゆえ営業利益が前年と同水準であれば、特別利益がなくなった分だけ次年度の当期純利益はまた大きく減少しますの

で、PERの低下は一時的なものとなります。このため、会社の業績を評価する上では、各段階利益がどのように変動しているのかを見ていくことが必要になります。

　本業でしっかりと儲けているのか、それとも特別損益によって突発的に利益が増減しているだけなのかといった視点を持つことが重要となるのです。

＜特別損益によって営業利益から当期純利益が大きく変動している例＞

	A社	B社
業種	精密機器	小売業
売上高	8,000億円	350億円
営業利益	170億円	5億円
当期純利益	△480億円	30億円
主な特別損益など	減損損失（特別損失）150億円などにより、営業利益は黒字でも当期純利益では大きな赤字となっている。	営業利益を大きく上回る多額の固定資産売却益（特別利益）49億円により、当期純利益は営業利益の6倍の水準となっている。

キーワード4

キャッシュ・フロー計算書

当社では決算の都度、キャッシュ・フロー計算書を開示しています。損益計算書とは別にキャッシュ・フロー計算書があるのはなぜでしょうか。

また、キャッシュ・フロー計算書を見れば、粉飾決算を見抜きやすいとも聞いたことがありますので、その見方についても教えてください。

「キャッシュ・フロー計算書」とは、会社がキャッシュ、すなわち資金を決算日現在いくら保有しているか、そしてその資金がどのような要因により、どれだけ増減したのかを示す計算表です。

キャッシュ・フロー計算書では、資金の増減を大きく❶「営業活動によるキャッシュ・フロー」、❷「投資活動によるキャッシュ・フロー」、❸「財務活動によるキャッシュ・フロー」の3つに区分して表示しています。

❶営業活動によるキャッシュ・フロー

営業活動によるキャッシュ・フローの区分では、会社の通常の営業活動から生じる経常的な資金の収支に加えて、下記の❷投資活動によるキャッシュ・フロー、❸財務活動によるキャッシュ・フローに分類されるもの以外の資金の収支がすべて表示されます（次ページの図参照）。

具体的には売上代金の回収や仕入代金・人件費・経費の支払のほか、法人税の支払による資金収支などが含まれます。

営業活動によるキャッシュ・フローは、いわば本業での資金収支なので、この区分でキャッシュ・フローのマイナスが続いている会社は本業でしっかりと稼ぐことができていないことを意味します。

＜キャッシュ・フローのイメージ図＞

❶営業活動によるキャッシュ・フロー 売上代金の回収や仕入代金・人件費・経費の支払など、本業による資金収支	❷投資活動によるキャッシュ・フロー 有形・無形固定資産や投資目的で保有する株式などを取得する際の支出と、これらを処分した際の収入	❸財務活動によるキャッシュ・フロー 新株の発行や銀行からの借入による収入、株主への配当や銀行への借入金の返済による支出

❷投資活動によるキャッシュ・フロー

投資活動によるキャッシュ・フローの区分では、建物、機械装置、ソフトウェアといった**有形・無形固定資産**（☞67、78ページ）や投資目的で保有する株式を取得するための支出などが表示されます。また、投資活動で取得した資産を売却により処分した際の収入額もこの区分に表示されます。

会社が成長していくためには投資が欠かせないことから、投資活動によるキャッシュ・フローの区分がマイナスになっているケースは異常ではありません。むしろ❶営業活動によるキャッ

シュ・フローとの兼ね合いで、無理のない範囲で投資が継続されていることは会社の存続や成長といった面から好ましいといえます。

❸財務活動によるキャッシュ・フロー

　財務活動によるキャッシュ・フローでは、会社の資金調達に関する収支が表示されます。例えば、新株の発行や銀行からの借入による収入、株主への配当や銀行への借入金の返済による支出が該当します。会社が手元にある資金では賄えないほどの大きな投資を決断するときには、資金調達が必要となるため、財務活動によるキャッシュ・フローが大きくプラスとなることがあります。

　一方、❶営業活動によるキャッシュ・フローでマイナスが続いている会社が銀行からの過大な借入による資金調達を行うことで、財務活動によるキャッシュ・フローをプラスとしなんとか資金残高を保っているというケースがあります。この場合には、調達した資金はいずれ返済しなければならないため、将来的に資金の返済が困難となり、会社が倒産の危機に陥る可能性があります。

＜キャッシュ・フロー計算書のイメージ＞

		主なもの
営業活動によるキャッシュ・フロー	1,000	本業からの収支（売上代金の回収、仕入代金・人件費・経費の支払）
投資活動によるキャッシュ・フロー	△500	設備投資による支出や不要な資産の売却による収入
財務活動によるキャッシュ・フロー	△200	資金の調達による収入とその返済による支出
資金の増減	300	
前期末の資金残高	2,000	
当期末の資金残高	2,300	

キャッシュ・フロー計算書の「資金」とは？

　ここまでに述べたとおり、キャッシュ・フロー計算書では資金の増減を３つの活動に区分して表示しているわけですが、ここでいう「資金」とはどのようなものをいうのでしょうか。

　キャッシュ・フロー計算書でいう「資金」とは、手元にある現金や普通預金だけでなく、「現金同等物」も含みます。現金同等物という考え方は少し難しいですが、会計基準によって、「容易に換金が可能で、価値の変動について僅少なリスクしか負わない短期投資」とされています。安全性の高いMMF[*1]や３か月以内に満期の到来する定期預金などを現金同等物として資金の範囲に含めているのが一般的です。そのため、キャッシュ・フロー計算書の資金の残高と**貸借対照表**（☞４ページ）の現金預金の残高は必ずしも一致するものではありません。

＊１　MMF：国内外の公社債を中心とする、安定した利回りを目標としたファンド

損益計算書とキャッシュ・フロー計算書の違い

　キャッシュ・フロー計算書と同様に、会社の一定期間における活動の成果を表す**財務諸表**（☞１ページ）として、**損益計算書**（☞11ページ）があります。キャッシュ・フロー計算書が損益計算書とは別に作られるのには、それなりの理由があります。

　そこで、キャッシュ・フロー計算書と損益計算書の異同について、簡単にみてみましょう。

	キャッシュ・フロー計算書	損益計算書
同じ点	1年間の会社の活動の成果を表す。	
異なる点	資金の収支を伴うものだけを表示する。	資金の収支があったかどうかにかかわらず、実現したものを収益として、発生したものを費用として表示する。

この表だけではピンと来ないかもしれませんので、異なる点について具体的な数字を用いてみてみましょう。

ケース・スタディ

工場で使う機械を、20X1年度の期首に10億円で購入し、代金は購入と同時に現金で支払いました。機械は、耐用年数5年の定額法[*2]により減価償却を行います。

*2 耐用年数5年の定額法：5年で均等按分した額を減価償却費として毎年費用計上する方法

❶ 損益計算書の扱い

20X1年度の決算時に減価償却費として2億円（10億円÷5年）の費用を計上します。損益計算書には減価償却費を耐用年数の5年間にわたって、20X5年度まで毎年2億円ずつ、5年間の合計で10億円計上することになります。

❷ キャッシュ・フロー計算書の扱い

実際に支出のあった20X1度において、キャッシュ・フロー計算書の投資活動によるキャッシュ・フローに「有形固定資産の取得による支出」として10億円の支出を計上します。

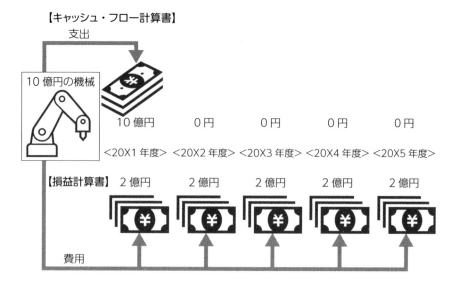

　このように、キャッシュ・フロー計算書では資金の収支を表すために、10億円の支払という客観的な事実のみが計上されるのに対して、損益計算書では会社の業績を表すために、取得した機械の使用に伴って発生する費用（減価償却費）が計上されるという違いがあります。

column
キャッシュ・フロー計算書はウソをつかない

　損益計算書には、減価償却費のように経営者の見積り（☞157ページ）や判断の結果が多く含まれているのに対して、キャッシュ・フロー計算書にはそれらが含まれる余地がほとんどないという特徴があります。

　上記のケース・スタディにおける機械を現金10億円で購入したケースを例にとると、機械の耐用年数を5年ではなく10年と見積もった

場合、損益計算書の費用に計上される減価償却費は毎年1億円（10億円÷10年）となり、耐用年数を5年とした場合に比べて5年目までの毎年の減価償却費は半分の金額で済みます。減価償却費が小さくなる分だけ、その年度の利益の額は大きくなります。一方、10億円の機械を現金で購入した事実は変わりませんので、キャッシュ・フロー計算書では償却期間の長さにかかわらず「投資活動によるキャッシュ・フロー」として10億円の支出が計上されます。

　この例は耐用年数の見積りが合理的であれば特に問題になるものではありません。しかし、仮に経営者が利益を水増しする意図をもって、架空の売上高（☞30ページ）を計上した場合はどうでしょうか。損益計算書には売上高と利益が計上されますが、実際に代金が回収されない限り、キャッシュ・フロー計算書の資金には変動が生じません。むしろ、仕入代金の支払はしなければなりませんので、資金は減り続けます。このような取引ばかりが長年続くと、損益計算書では営業利益がプラスであるにもかかわらず、キャッシュ・フロー計算書の「営業活動によるキャッシュ・フロー」はずっとマイナスのままといった事態が生じます。

　実際に、粉飾決算を続けその後倒産した会社の中には、損益計算書の売上高・営業利益は毎期順調に伸び続け、一見業績は好調に見えていたもののキャッシュ・フロー計算書に目を移すと、「営業活動によるキャッシュ・フロー」はずっとマイナスのままであったというケースがあります。

　つまり、キャッシュ・フロー計算書はウソをつかないというわけです。

キーワード5

株主資本等変動計算書

当社の株主総会の招集通知を見たところ、貸借対照表と損益計算書のほかに、株主資本等変動計算書というものが付いていました。あまり見慣れない計算書なのですが、どのような目的で作成される計算書なのでしょうか。見方も含めて簡単に教えてください。

「株主資本等変動計算書」は、2005年に公布された会社法により、**貸借対照表**（☞4ページ）、**損益計算書**（☞11ページ）と合わせて作成することが義務付けられた書類です。ほかの2つと比べる

＜A社の株主資本等変動計算書＞

	株主資本				
		資本剰余金			
	資本金	資本準備金	その他資本剰余金	資本剰余金合計	利益準備金
当期首残高	1,000	200	100	300	100
当期変動額					
新株の発行	❹ 100	❺ 100		100	
当期純利益					
剰余金の配当					
株主資本以外の項目の当期変動額（純額）					
当期変動額合計	100	100	—	100	—
当期末残高	1,100	300	100	400	100

と歴史が浅いため、見慣れない方も多いことでしょう。貸借対照表は会社の財政状態を、損益計算書は経営成績をそれぞれ表示するものですが、株主資本等変動計算書はどのような内容を表しているのか検討してみましょう。

　株主資本等変動計算書は、会社の期首時点の純資産がどのように変動して、期末の純資産に至ったかの過程を表す計算表です。純資産の構成要素としては、株主の持分である資本金や利益剰余金といった株主資本のほかに、評価・換算差額や新株予約権があります。それらを含めて株主資本等とした上で、その変動を表しているのが株主資本等変動計算書です。詳しくは、実際の株主資本等変動計算書（下表）を見ながら考えていきましょう。

　Ａ社では、期首時点での純資産2,000億円（❶）が、期末には

(単位：億円)

利益剰余金		自己株式	株主資本合計	評価・換算差額等	新株予約権	純資産合計
その他利益剰余金 繰越利益剰余金	利益剰余金合計			その他有価証券評価差額		
500	600	△70	1,830	120	50	❶ 2,000
			200			200
❻ 150	150		150			150
❼ △100	△100		△100			△100
				❽ 20		20
50	50	－	250	20	－	❸ 270
550	650	△70	2,080	140	50	❷ 2,270

2,270億円(❷)になっています。つまり1年間で純資産が270億円増加(❸)したことになります。この増加の要因としては、まず新株の発行により資本金(❹)と資本準備金(❺)がそれぞれ100億円、計200億円増加したことと、当期純利益を150億円計上した(❻)ことによって純資産が増加したことが挙げられます。一方、株主への配当（剰余金の配当）によって純資産は100億円減少(❼)しています。このほか、保有する**有価証券**（☞51ページ）の含み益の増加20億円(❽)があった結果として、純資産は合計で270億円の増加となっています。

 ## 純資産の変動要因

　会社の純資産は、当期純利益により増加したり、株主への配当により減少したりする以外にもさまざまな要因で変動します。株主の持分でありながら、貸借対照表や損益計算書だけでは表現しきれないこれらの純資産の変動を表現している点に株主資本等変動計算書の存在意義があります。

＜純資産が変動する要因の例＞

変動項目	変動要因
株主資本	増資・減資
	当期純利益の計上
	株主への配当
	自己株式の取得
評価・換算差額等	投資有価証券の時価（含み損益）の変動
新株予約権	新株予約権の発行・権利行使

column
前期末と当期首で数字が異なる?

　株主資本等変動計算書の一番上の行を見ると「当期首残高」となっています。株主資本等変動計算書が導入された当初、ここは「前期末残高」とされていました。なぜ、わざわざ「前期末」を「当期首」に変更したのかというと、前期末残高と当期首残高が一致しないことがあるためです。

　例えば、会社が**会計方針**（☞153ページ）の変更を行った場合、原則として、変更後の会計方針を過去から適用していたと仮定して当期の**財務諸表**（☞1ページ）を作成します(**過年度遡及**)（☞162ページ）。その結果、当期首残高は過去からその会計方針を適用していた場合の残高として集計・表示されますので、変更前の会計方針によって集計されている前期末の残高とは一致しないことになります。

　一見、単なる「前期末」と「当期首」という用語の違いだけに見えますが、実際に過去に遡って集計し直すことになる会社では、実務上、大変な手間と労力がかかることがあります。

キーワード6

売上高

　損益計算書（☞11ページ）の一番上に出てくる「売上高」には包括的な会計基準がないと聞いて驚いています。会社のビジネスは、モノを売るだけのシンプルなものばかりでなく、サービスと組み合わせるなど多様化していますが、売上高はどのような考え方によって計上されているのでしょうか。

　「売上高」とは、会社が顧客に販売した商品や製品、提供したサービスの金額をいいます。例えば、1万円の商品を外から仕入れ、自社の利益を上乗せして1万2,000円で顧客に現金販売した場合には、顧客への販売価額である1万2,000円が売上高になるというのは容易にイメージできると思います。一見単純ですが、この売上高の計上には、「認識」と「測定」という2つの重要なポイントが含まれています。

認識：売上高をどのタイミングで計上するのか
測定：売上高をいくらで計上するのか

　この例でいえば、商品を顧客に提供し、同時に現金を受け取っていますので、そのタイミングで売上高を「認識」し、販売価格、すなわち現金受取額で売上高を「測定」しています。
　しかし、実際の企業の活動はそれほど単純なものばかりではなく、顧客への商品やサービスの提供方法にはいろいろな形態があ

ります。

　例えば、提供した商品の対価をその場での現金ではなく、翌月末に現金で回収する掛け売上とした場合、売上高はいつ計上されるのでしょうか。また、スポーツクラブの運営会社が、年間利用権を販売した場合、売上高はいつ、いくら計上されるのでしょうか。

　売上高は会社の利益の源泉となる重要なもので、どんな会社の損益計算書にも登場する項目です。しかしながら、普段会計に携わっていない方には驚かれるかもしれませんが、現在、日本には売上高の認識・測定について包括的に定めた会計基準はありません。

　実現主義の原則　

　では、どのようにして売上高を計上しているのでしょうか。古いものですが、昭和24年にできた「企業会計原則」に、「実現主義の原則」という考え方が示されています。一般的な取引では、この実現主義の原則にそって売上高を計上することになります。

　ただし、**工事契約に関する売上高**（☞36ページ）など、個々の取引に限定した会計基準が特別に用意されているものについては、それに従うことになります。

　実現主義の原則とは、モノやサービスを顧客に提供し、その対価を受領した時に売上高を計上するという考え方です。ここでいう対価には、現金だけでなく、売掛金や受取手形といった金銭的な債権も含まれます。

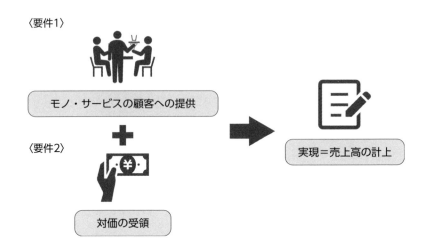

実際の取引に実現主義の原則を当てはめるとどのようになるのか、3つのケースでみてみましょう。

ケース・スタディ

❶割賦販売

　商品を240万円で販売し、その代金は24ヵ月間にわたって割賦で回収（各月10万円×24回）する条件の取引があったとします。この時、商品の提供が完了し、割賦債権も法的に成立していれば、代金の回収に24ヵ月間を要するとしても、売上高は商品を販売した時点で全額計上するのが原則です。

　より厳密にいえば、割賦販売の場合、分割払にする代わりに、回収金額には顧客が負担する金利相当額が含まれていると考えられます。このため金利相当額が40万円含まれているとすれば、当初の売上高は200万円で計上し、残りの40万円は24ヵ月間にわたり、割賦債権の未回収残高に対応して受取利息として計上していくことになります。

　なお、割賦販売については、上記のとおり、原則として販売時

に売上高を計上しますが、代金回収が長期にわたるため、途中で貸倒れるリスクが通常の販売形態に比べて高いという特性があります。そのため、割賦販売においては例外的に代金の回収または回収期日の到来に合わせ、分割で売上高を計上することも認められています。

❷ 年間サービス料を前金で受領した場合

　スポーツクラブを運営する会社が、入会時に2年間の利用料として24万円を一括で受け取ったとします。この場合、代金はすでに受け取っていますので、実現主義の原則の2つの要件のうち「対価の受領」は済んでいることになります。

　しかし、スポーツクラブの運営会社が顧客に提供しているのは、顧客が2年間にわたってスポーツクラブの施設や機器を利用することができるというサービスです。このサービスは、顧客が入会してから2年後に契約が満了するまでの期間にわたって提供されますので、利用料は時の経過に応じて年12万円ずつに按分して売上高に計上することになります。

　受領済みの24万円のうち、まだ期間が経過していない部分に対応する金額は、前受金として貸借対照表（☞4ページ）の負債に計上する処理を行います。

❸ モノとサービスを組み合わせた商品

　機械装置を販売する時に、3年間の保守サービスを有償で付け、セット販売する取引があったとします。

機械装置：1億円
保守サービス：年間200万円（3年分の合計600万円）

　実現主義の原則に照らすと、モノである機械装置1億円につい

> ては、顧客に引き渡し、売上債権が成立した段階で売上高を計上します。一方、保守サービスはサービス（役務）の提供ですので、時の経過に応じて段階的に売上高を計上します。すなわち、1年ごとに200万円ずつ3年間にわたって計上していきます。
>
> もっとも、顧客に対しては、機械装置と保守サービスを一体として販売し、内訳を明示しないケースも想定されます。その場合には、モノとサービスを区分すべきかどうか、区分するとしたらどのように区分するかといった実務上判断に迷うような事態も出てきます。

このように、一口に売上高といっても個々の取引の経済的実態に応じた会計処理が求められていることがわかります。

column
包括的な会計基準の開発が始まる

　日本には売上高（より専門的には「収益認識」といいます）に関する包括的な会計基準は現在のところ存在しないといいました。この点、国外では2014年に、**国際財務報告基準（IFRS）**（☞209ページ）を策定する国際会計基準審議会（IASB）と米国会計基準（USGAAP）を策定する米国財務会計基準審議会（FASB）が共同で、収益認識に関する会計基準「顧客との契約から生じる収益」を公表しました。この基準が適用されると、IFRSまたはUSGAAPを採用している多くの国の会社が実質的に共通の基準で売上高を計上することになります。

　このような状況を受けて、現在、日本でも収益認識に関する包括的な会計基準の策定に向けた検討が進められています。

　将来策定されるであろう会計基準の内容によっては、売上高の計上金額が従来の方法による場合と比べて大きく変わる可能性があります。このため、会計基準が各社の業績に直接影響を及ぼすことが想定されます。そればかりでなく、会計基準に適切に対応するために顧客との契約内容の明確化など取引の仕方そのものや社内システムの変更といった点にも影響する可能性があります。

　すべての会社に関係する売上高に関する会計基準ですので、今後の動向が注目されます。

キーワード7

工事進行基準

当社では、建設会社を買収して子会社とすることとしました。売上高（☞30ページ）は、商品の販売やサービスの提供がされた時点で計上するのが基本的な考え方だと思いますが、大規模で完成まで何年もかかるような工事を受注した場合でも、同様に工事が完成した時に初めて売上高が計上されるのでしょうか。

商品の販売やサービスの提供という点から見ると、たとえ長期間に及ぶ大規模な工事であっても、工事が完了して物件を発注者に引き渡した時に、受注金額を一括で売上高に計上すると思われるかもしれません。しかし、工事については「工事契約に関する会計基準」によって、売上高の計上方法が別途定められています。

工事に関する売上高を計上する方法には、「工事進行基準」と「工事完成基準」の2つがあります。

工事進行基準	決算日ごとに工事の進捗度を見積もって、これに応じて工事に関する売上高と原価を計上する方法
工事完成基準	工事が完成し、物件を引き渡した時点で工事に関する売上高と原価を計上する方法

かつてはこの2つのうちどちらかを会社が選択して適用することが認められていました。しかし、現在の会計基準では、工事が進捗する過程で「成果の確実性が認められる場合」には工事進行基準を適用し、この要件を満たさない場合にだけ工事完成基準を

適用することになっています。

 ## 工事進行基準を適用する具体的な要件

工事が進捗する過程で「成果の確実性が認められる場合」とはどのような場合をいうのでしょうか。具体的には、次の3つについて、信頼性のある**見積り**（☞157ページ）ができる場合とされています。

- ❶ 工事収益の総額
- ❷ 工事原価の総額
- ❸ 決算日時点での工事の進捗度

❶工事収益の総額が信頼性をもって見積もれること

工事の完成見込みが確実であることと、契約で工事の受注金額・決済の方法がきちんと定められていることが必要です。受注金額について資材の調達価額に応じて変動するなどの条件がある場合には、それらの条件を踏まえて工事収益の総額を合理的に見積もれるかどうかがポイントとなります。

❷工事原価の総額が信頼性をもって見積もれること

工事の完成までに発生する総コストを合理的に見積もれることが必要です。工事着手時だけでなく、環境の変化などに応じて適時に見積りの見直しを行うことも求められます。

❸決算日時点での工事の進捗度が信頼性をもって見積もれること

　工事の進捗度を見積もる方法としては通常、工事原価の総額の見積りに対して、実際に決算日までに発生した原価の割合をもって進捗度とする「原価比例法」が用いられます。ただし、工事の性質によっては、直接作業時間や施工面積によって工事進捗度を見積もることも認められています。

工事進行基準と工事完成基準の計算例

　もっとイメージしやすいように、ケース・スタディを使って工事進行基準と工事完成基準を比較してみましょう。

　このケースにおいては、工事進行基準を適用する要件は以下のように見積もることができていることとします。

---
❶　工事収益の総額（受注額）：100億円
❷　工事原価の総額（見積り）：80億円
❸　実際の工事原価と工事の進捗度：
　　　1期目　実際原価20億円 ÷ ❷80億円 ＝ 25％
　　　2期目　実際原価40億円 ÷ ❷80億円 ＝ 50％
　　　3期目　実際原価20億円 ÷ ❷80億円 ＝ 25％
※実際の工事原価は総額80億円で、見積りと同額であったとする

　以上のように条件が揃っているため、本来は工事進行基準によらなければなりません。しかしケース・スタディでは、比較のために工事完成基準によった場合についても記載します。

7 ｜ 工事進行基準

ケース・スタディ

＜工事完成基準によった場合＞

	1期目	2期目	3期目	合計
工事売上高	ー	ー	100	100
工事原価	ー	ー	80	80
利益	ー	ー	20	20

＜工事進行基準によった場合＞ （1期目：100×25%）（2期目：100×50%）（3期目：100×25%）

	1期目	2期目	3期目	合計
工事売上高	25	50	25	100
工事原価	20	40	20	80
利益	5	10	5	20

　いずれも工事期間全体を通じて計上される工事売上高と工事原価、そしてその差額である利益の累計は同額です。しかし、工事完成基準では工事が完成した時に工事売上高と工事原価が一時に損益計算書に計上されるのに対して、工事進行基準では工事の進捗度に応じて、毎期工事売上高、工事原価、利益が計上されることがわかります。

　工事進行基準の要件をしっかり満たすことができる、すなわち、各数値を信頼性をもって見積もることができる限りにおいては、工事進行基準の方が、会社の事業活動をより正確に表現しているといえます。

　一方で、これらの見積り、特に工事進捗度の見積りが甘いと各期の損益を歪めることとなり、さらには恣意的な見積りが**不正会計**（☞219ページ）につながるおそれもあります。

column
工事損失引当金

　工事期間が長期間にわたる大規模工事では、当初予想していなかった資材価格や人件費の高騰、請負側に原因のあるトラブルでの追加コストが発生することがあります。このため、工事が完成する前の段階で、すでにその工事で利益が見込めないという事態に陥いる場合があります。

　そのような赤字工事については、予想される工事損失をあらかじめ見積もり、工事損失引当金として計上する会計処理が必要となります。これは、工事売上高および工事原価の計上を待って損失を確定するのではなく、損失の発生可能性が高く、その金額を合理的に見積もれるのであれば、その時点で損失を**財務諸表**（☞1ページ）に反映させるという会計処理です。

　実際に、海外での大型工事などに関連して工事損失引当金を計上したことで、業績予想の下方修正につながる事例も散見されます。

キーワード8

棚卸資産

商品や製品などの棚卸資産について会計処理のポイントを教えてください。また、棚卸資産は破損など物理的な問題がない場合であっても、会計上は評価損を計上することがあると聞きました。どのような場合に棚卸資産の評価損を計上しなければならないのでしょうか。

棚卸資産とは、❶会社が営業上で販売することを目的として保有する資産と、❷販売活動や一般管理活動で短期的に消費することを目的として保有する資産をいいます。

具体的には、次のものが棚卸資産に該当します。

❶営業上で販売することを目的として保有する資産

営業上、販売することを目的として保有する資産には、次のようなものがあります。

- 商品
- 製品
- 半製品
- 原材料
- 仕掛品　など

❷販売活動や一般管理活動で短期的に消費することを目的として保有する資産

上記❶以外に販売活動などで短期的に消費することを目的として保有する資産として、次のものがあります。

- 事務用消耗品　など

このうち、上記の❶について、自動車を製造・販売する会社を例にとると、次のようなイメージになります。

板金	車体・部品の製造、組立て	完成
原材料	仕掛品	製品

＊パーツの製造から組立てまでを自社で行っている会社とする。

車体や部品を作るための板金などは、「原材料」となります。

原材料をもとに製造された車体や部品を組み立て、完成して出荷できる状態になったものを「製品」といいます。

もし製造の途中の段階で決算期末を迎えたものがあれば、「仕掛品」となります。

同じ製造途中のものであっても、それが転売可能なものである場合には、「仕掛品」とは区分して「半製品」といいます。

仕掛品や半製品、製品は、外部から購入した原材料費だけでなく、工場で働く人の労務費や工場の建物・機械装置の減価償却費、電力料といった経費も集計した上で会計上の残高となります。

棚卸資産は流動資産に分類

棚卸資産は、仕入や製造から販売までの期間の長さにかかわらず、その会社における営業活動サイクルの中にある限り、**貸借対照表**（☞4ページ）の流動資産に分類されます。

そのため、例えば不動産販売業を営む会社が販売目的で保有する土地や建物のように、仕入から販売まで一定の年数がかかるも

のであっても、棚卸資産として流動資産に分類されることになります。

棚卸資産(資産)と売上原価(費用)は表裏一体

ここから先はイメージしやすいように、棚卸資産の中でも他社から仕入れて販売する「商品」を前提に解説します。

貸借対照表に計上される商品の金額は、期末現在で販売されずに残っている商品であり、販売済みの商品の原価として損益計算書に計上される売上原価とは表裏一体の関係にあります。

期首の商品残高 10億円	当期の売上原価 90億円	当期の売上高 ⇒120億円
当期中の商品仕入高 100億円		(売上総利益30億円)
	期末の商品残高 20億円	
合計 110億円	合計 110億円	

この図の左半分をみると、期首の段階で商品が10億円、当期中に仕入れた商品が100億円ありますので、会社が1年間で販売することができる商品は原価ベースで110億円となります。

次に図の右半分をみると、期末の商品残高は20億円ですので、110億円(期首の商品+当期の商品仕入高)−20億円(期末の商品)=90億円が1年間で販売された商品の原価です。これが損益計算書の売上原価となります。

そのため、期末の商品残高をどのように計算するかによって、

売上原価の金額が変わり、結果、その期の損益に影響が生じることがわかります。

棚卸資産の評価方法

では、商品の期末残高はどのように計算するのでしょうか。商品の期末残高の評価方法（同時に、売上原価の算定方法でもあります）には、いくつかの種類があります。

評価方法	
❶個別法	期末に残った商品それぞれについて、個々の実際に仕入れた原価で残高を算定する方法
❷先入先出法	古いものから順番に販売され、期末に残った商品は新しく仕入れたものからなると仮定して残高を算定する方法
❸平均原価法	仕入れた商品の仕入原価を平均して、その平均原価で期末の商品残高を算定する方法
❹売価還元法	期末の商品の売価ベースの合計に原価率を掛けて、期末の商品残高を算定する方法

このうち、❶個別法は、販売用の不動産のように個別性の高い商品に適用され、❹売価還元法は、取扱い品種が非常に多岐にわたる小売業などで適用されます。ここでは、それ以外の多くの会社で採用されている❷先入先出法と❸平均原価法を例にとり、具体的な数字を使って、その違いについて見てみましょう。

ケース・スタディ

- 期首の時点で、仕入原価@300万円の商品を1,000台保有
- 同じ商品を当期中に仕入原価@245万円で10,000台仕入
- 当期中に9,000台を販売し、期末の時点で2,000台を商品とし

て保有

<先入先出法の場合>

期首の商品残高 30億円 (単価@300万円×1,000台)	当期の売上原価 226億円 (単価@300万円×1,000台) (単価@245万円×8,000台)
当期中の商品仕入高 245億円 (単価@245万円×10,000台)	期末の商品残高 49億円 (単価@245万円×2,000台)

　先入先出法では、古いものから順番に販売されたと仮定しますので、期中の販売台数9,000台のうち1,000台は、期首時点で保有している商品が販売され、残り8,000台は当期中に仕入れた商品が販売されたとみなします。

　その結果、期末の商品2,000台は、当期中に仕入れた@245万円で評価し、49億円（245万円×2,000台）となります。

<平均原価法の場合>（総平均法による）

期首の商品残高 30億円 (単価@300万円×1,000台)	当期の売上原価 225億円 (単価@250万円×9,000台)
当期中の商品仕入高 245億円 (単価@245万円×10,000台)	期末の商品残高 50億円 (単価@250万円×2,000台)

11,000台の総平均単価
@250万円（275億円÷11,000台）

　平均原価法によった場合、まず期首の商品と当期に仕入れた商品の平均原価を算定します。

　期首の商品30億円と当期中の仕入高245億円の合計275億円の台数は11,000台ですので、平均単価は250万円（275億円÷

11,000台）となります。そして、期末の商品2,000台はこの平均単価を使用して算定し、50億円（＠250万円×2,000台）となります。

以上から、同じ取引であっても、商品の評価方法によっては下表のように商品の期末残高に１億円の差が生じ、その結果、売上原価にも同額の差が生じることがわかります。

	台数	先入先出法	平均原価法	差額
売上原価	9,000台	226億円	225億円	△１億円
商品の期末残高	2,000台	49億円	50億円	１億円

 ## 棚卸資産の評価方法は継続適用

このようにいずれの評価方法を適用するかによって、商品の期末残高と売上原価に違いが生じることがわかります。

仕入単価が常に同額であれば、いずれの方法によっても差は生じませんが、実際には同一の商品であっても仕入の時期や仕入の相手先によって単価は変動します。特に石油業界のように市況次第でその価格が大きく変動するケースでは、期末商品の単価をどのように計算するかによって業績に大きな影響を及ぼします。

そのため、棚卸資産の評価方法は、会社が自社の**会計方針**（☞153ページ）として選択適用することができますが、一度採用した評価方法は継続して適用しなければならず、正当な理由がない限り変更することはできません。

なお、棚卸資産の評価方法は、期末の残高を計算する上でどの

ような仮定を置くかというものであって、❷先入先出法を選択する場合には実際に古いものから販売されていなければならない、ということではありません。

商品の収益性が低下した場合には評価損の計上が必要

　会社はできるだけ早く、しかもなるべく高い価格で商品を販売して利益を得たいと考えています。しかし、実際には、会社の想定どおりにすべての商品が販売できるとは限りません。

　販売計画が甘かったことによる売れ残り、急速な技術革新による商品の陳腐化、時間の経過による物理的な劣化など、さまざまな要因によって商品の収益性は低下します。

　会計基準では、棚卸資産は取得原価をもって貸借対照表に計上することを原則としています。しかし上記のような要因によって商品の収益性が低下し、期末の「正味売却価額」＊が取得原価を下回る状況になった場合には、「正味売却価額」をもって貸借対照表価額とすることとされています。

　このときに生じる当初の取得原価と「正味売却価額」の差は、棚卸資産評価損として費用に計上されます。商品を販売目的で保有する以上、収益性の低下は特別なことではなく、営業上避けられないものであるため、原則として棚卸資産評価損は売上原価として処理されます。

　　＊正味売却価額：商品の売却市場の時価から、販売時にかかる販売直接経費などの追加コストを差し引いた額

> 正味売却価額 ＝ 売却市場の時価 － 販売直接経費
> 棚卸資産評価損 ＝ 取得原価 － 正味売却価額

　なお、棚卸資産は取得原価での計上が原則であり、収益性が低下したときにだけ評価損を計上しますので、正味売却価額が取得原価を上回っていても、評価益が計上されることはありません。評価益相当額は、商品を顧客に販売して初めて利益として実現し、業績に反映されることになります。

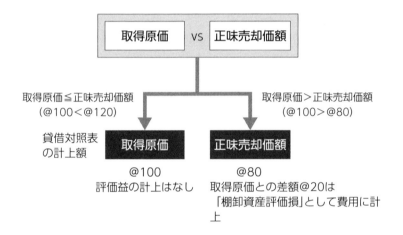

column
適用できなくなった「後入先出法」

　2008年に棚卸資産の会計基準が改正されるまでは、棚卸資産の評価方法として「後入先出法」という方法も認められていました。後入先出法は、先入先出法とは逆に、最も新しく仕入れたものから販売され、期末に残った商品は古く仕入れたものと仮定して、期末の商品残高を算定する方法です。

　後入先出法を採用していると、期末の商品残高は古い仕入価格によって算定されますので、商品の仕入・販売価格が長期的に上昇傾向にあるときには商品残高が現在の市場価額に比べて著しく低い価格で貸借対照表に計上されるということが起こり得ます。長期間保有している間に、どんどん含み益がたまっていく構造です。

　この場合、商品の市況は変動しているにもかからず、貸借対照表の商品残高にはそれがまったく反映されない結果となります。

> 仕入の単価は大きく上昇しているものの、期末商品の残高には、古い仕入単価@500円で評価されたものが含まれている。

期首の商品残高 500万円 （単価@500円×10,000個）	期末の商品残高 1,700万円 （単価@500円×10,000個） （単価@1,200円×10,000個）
当期中の商品仕入高 1億2,000万円 （単価@1,200円×100,000個）	当期の売上原価 1億800万円 （単価@1,200円×90,000個）

もし、会社が商品の仕入数量をコントロールすることによって、期末の商品保有量を一時的に減らせば、低い価格で計上されていた商品が売上原価に計上されます。その結果、長期間保有していたことによる含み益を一気に吐き出して業績を押し上げるといったことが可能になります。
　このような問題点に加えて、国際的な会計基準では後入先出法が認められていないことから、現在は日本の会計基準でも後入先出法は適用できないこととなっています。

キーワード9

有価証券

「時価会計」という言葉を耳にしますが、会社が保有する他社の株式や債券などの有価証券はすべて決算ごとに時価で評価替えするのでしょうか。また、時価のない株式について投資先の業績が著しく悪化した場合、その株式の評価には、どのような影響があるのでしょうか。

有価証券の4つの分類

会社が保有する他社の株式や債券を有価証券といいます。有価証券の中でも決算の都度、時価評価するものとしないものがあります。会計上、有価証券は、保有の目的に応じて次の4つに分類され、それぞれで期末の評価方法が定められています。

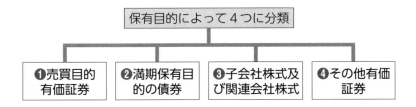

それぞれについて順番にみてみましょう。

❶売買目的有価証券

時価の変動によって利益を得ることを目的として保有する有価

証券を「売買目的有価証券」といいます。

　短期間の間に購入と売却を繰り返す、いわゆるトレーディング目的の有価証券であり、一般の会社で売買目的有価証券を保有することはあまりないと考えられます。

　売買目的有価証券は、期末ごとに時価評価し、時価評価前の計上額と時価評価額との差額は、その期の損益として処理します。

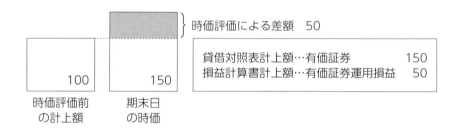

❷満期保有目的の債券

　満期まで所有する意図をもって保有する社債などの債券を満期保有目的の債券といいます。

　満期保有目的の債券に分類されるのは、文字どおり有価証券の中でも債券だけで、満期が存在しない株式がこれに分類されることはありません。

　満期保有目的の債券は、取得原価で**貸借対照表**（☞4ページ）に計上し、時価による評価は行いません。

　ただし、債券は額面よりも高い金額や低い金額で取得することがあります。通常、額面と取得原価との差額は、クーポンレート（額面に対する利回り）と市場利子率との調整によって生じます。この

ように、差額が金利相当額であると認められるときには、償却原価法という方法によって計算した金額をもって期末の有価証券の計上額とします。

簡単にいうと、償却原価法は、満期までの期間にわたって、取得原価と額面金額の差額を少しずつ有価証券の残高に加減算（同時に、同額を損益に計上）して、貸借対照表計上額が満期時にはちょうど額面金額と同額になる会計処理です。

❸子会社株式及び関連会社株式

子会社や関連会社が発行する株式を子会社株式及び関連会社株式といいます。

子会社株式及び関連会社株式は、取得原価をもって貸借対照表計上額とし、期末ごとに時価による評価替えは行いません。

❹その他有価証券

有価証券のうち、❶売買目的有価証券、❷満期保有目的の債券、❸子会社株式及び関連会社株式以外の有価証券を、「その他有価証券」といいます。

その他有価証券は期末ごとに時価評価し、時価評価前の計上額と時価評価額との差額は、貸借対照表の純資産の部に計上します。期末ごとに時価評価する点は❶売買目的有価証券と同様です。

しかし時価評価差額については、❶売買目的有価証券がその期の損益として処理するのに対して、その他有価証券は、損益を通さず、貸借対照表の純資産の部に直接計上する点に大きな違いが

あります。

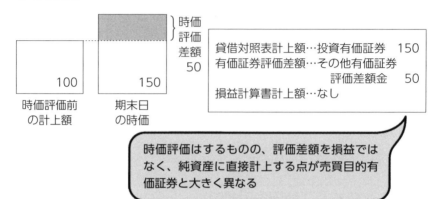

＊税効果会計は考慮していない。

　ただし、その他有価証券の評価差額であっても、保有する有価証券の銘柄ごとに、マイナスの評価差額（評価損）については損益として処理し、プラスの評価差額（評価益）についてのみ純資産に計上する方法も認められています。

 時価のある有価証券の減損

　有価証券のうち、❶売買目的有価証券は決算ごとに時価評価し、評価差額は常に損益として処理します。

　一方、❶売買目的有価証券以外の有価証券は、時価が下落してもその都度、評価替えは行いません。そのため、会計上損失として処理されない、いわゆる含み損がたまってしまう危険性があります。

　そこで、❶売買目的有価証券以外の有価証券、すなわち、❷満期保有目的の債券、❸子会社株式及び関連会社株式、❹その他有価証券については、時価が著しく下落した場合には、減損処理に

より時価をもって貸借対照表計上額とし、評価差額は損失として処理することとされています。

時価のある有価証券の「著しい下落」とは、時価が取得原価に比べて50％程度以上下落した場合をいいます。このほか、下落率が50％には満たないものの30％以上の下落である場合には、会社ごとに「著しい下落」の判断基準を設けて、それに基づいて減損の要否を判断することとされています。具体的には、30％以上50％未満の下落が２年間続いた場合には「著しい下落」に該当するといった基準を設けている例がみられます。

なお、時価が著しく下落した場合であっても、時価の下落について回復する見込みがあるといえる場合には、減損は不要とされています。しかし、取得原価に比べて市場の株価が著しく下落している場合に、その株価が１年以内に取得原価に近い水準にまで回復する見込みであることを、会社が合理的な根拠をもって予測することは現実的には相当困難であると考えられます。

 時価のない有価証券（株式）の減損

上場していない会社の株式については、減損は不要かといえばそうではありません。

❸子会社株式及び関連会社株式、❹その他有価証券のうち、時価のない株式については、株式の「実質価額」が著しく低下した場合に減損を行う必要があります。

ここで「実質価額」とは、投資先の会社の貸借対照表から算出した一株当たり純資産に持株数を乗じて計算した金額をいいま

す。投資先の会社が時価のある資産や負債を持っている場合には、それらの評価額を反映して、実質的な一株当たり純資産とします。そして、実質価額が取得原価に対して50％以上下落している場合に、著しい下落として、減損を行うことになります。

　なお、実質価額が著しく下落している場合であっても、投資先の会社が子会社や関連会社などに該当するケースでは、一定の支配力や影響力が及ぶことから、事業計画の入手などが可能となります。そのため、投資先の会社の事業計画等に基づいて、概ね5年以内に実質価額が取得原価まで回復する見込みがあると合理的に判断できる場合には、減損は不要とされています。子会社株式の評価については、別キーワード（☞99ページ）で詳しく解説していますので、あわせて参照してください。

ケース・スタディ

- A社は、B社株式（非上場）を5年前に1億円（＠100万円×100株）で取得
- A社は保有するB社株式を「その他有価証券」に分類
- B社は近年急速に財政状態が悪化し、直近事業年度の一株当たり純資産は＠20万円にまで低下
- B社は含み益のある土地を保有しており、この含み益を考慮したB社の一株当たり純資産は＠30万円
- 実質価額が取得原価まで回復する見込みは不明

(減損の判定)

> 取得原価1億円 ＞ 実質価額*3,000万円（@30万円×100株）

＊実質価額の計算には、土地の含み益を考慮した一株当たり純資産@30万円を用いる

↓

> 取得原価に対して70%の下落（50%以上の「著しい下落」に該当）

↓

> 実質価額の回復見込みは不明（回復可能性があるとはいえない）

↓

> 減損が必要

(減損計上額の計算)

　A社はB社株式の評価損として7,000万円（取得原価1億円－実質価額3,000万円）を特別損失に計上します。

キーワード10

貸倒引当金

> 得意先に対する商品の販売代金が、先方の財務内容の悪化により長期にわたって未回収となっています。現場では回収の努力を続けていますが、会計上は回収不能見込額を見積もって貸倒引当金を計上したそうです。回収不能見込額を見積もることは簡単ではないと思います。貸倒引当金とは、どのように計算されるのでしょうか。

　会社は、商品を販売したときの売掛金や、他社に融資をしたときの貸付金などさまざまな債権を持っています。これらの債権には、相手方（債務者）が倒産したり、経営危機に陥ったりすることで当初の約束どおりに回収できないリスクが常に存在します。

　会計上は、債権について、実際に回収ができなくなったとき、すなわち貸倒れが発生したときに初めて費用や損失を計上するのではなく、回収できないと見込まれる金額を決算ごとに見積もって、あらかじめ貸倒引当金として計上します。

　具体的な会計処理としては、**貸借対照表**（☞4ページ）に資産のマイナス項目として貸倒引当金を計上します。そして、新たに計上した貸倒引当金と同じ額を貸倒引当金繰入額として、**損益計算書**（☞11ページ）の費用または損失として計上します。

　損益計算書の計上区分は、営業上で生じた債権に対する貸倒引当金繰入額は、販売費及び一般管理費に計上し、一般事業会社に

おける貸付金など営業上の債権以外の債権に対する貸倒引当金繰入額は、営業外費用または特別損失に計上します。

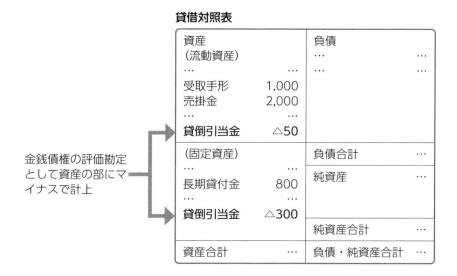

債権を３つの区分に分類

会社は、貸借対照表に計上されているすべての債権について、回収可能性の評価を行い、回収不能と見込まれる額を貸倒引当金として計上しなければなりません。

貸倒引当金の会計処理について定める「金融商品に関する会計基準」では、債権を大きく次の３つの区分に分類した上で、それぞれについて貸倒引当金の算定方法を定めています。

❶　一般債権
❷　貸倒懸念債権
❸　破産更生債権等

それぞれの債権について、簡単にみていきます。

一般債権

一般債権とは、経営状態に重大な問題が生じていない債務者に対する債権をいいます。商品を販売したり、他者にお金を貸出したりする時点では、確実に回収できると判断した上で取引を行っているはずですので、健全な会社であれば、債権の多くは一般債権に分類されることになります。

一般債権の貸倒引当金の算定方法

一般債権については、個別の債権ごとに貸倒引当金を見積もるのではなく、一般債権のすべてまたは同種・同類でグルーピング

した一般債権に対して、過去の貸倒実績率などを用いて貸倒引当金を算定します。

> **ケース・スタディ**
> - 直近3年間の売上債権の平均残高：300億円
> - 直近3年間の貸倒実績の平均：3,000万円
> - 期末現在の売上債権（一般債権）の残高：400億円
>   ⇒貸倒実績率は0.1％（3,000万円÷300億円×100）
>   ⇒貸倒引当金の計上額は4,000万円（400億円×0.1％）

これは、将来の見積りに、最も信頼できるものとして過去の実績を用いるという考え方です。

ただし、過去の貸倒実績率を用いるのは、それがその時点で最善の見積りであると判断できることが前提です。もし外部の経営環境の変化や、会社が新規事業に進出したなどの理由で過去の貸倒実績率をそのまま用いることが不適切な場合には、同業他社の引当率を用いるなど、ほかの方法を検討することになります。

 ## 貸倒懸念債権

貸倒懸念債権とは、経営破たんするには至っていないものの、債務の弁済に重大な問題が生じているか、あるいは生じる可能性の高い債務者に対する債権をいいます。

具体的には、支払の期日を過ぎて1年以上が経過している債権や、債務超過の状況にある債務者に対する債権が貸倒懸念債権に該当します。

貸倒懸念債権の貸倒引当金の算定方法

　一般債権では複数の債権をまとめた上で貸倒引当金を見積もるのに対して、貸倒懸念債権では、既に特定の債権について回収に懸念が生じていますので、個々の債権ごとに貸倒引当金を見積もります。貸倒懸念債権に対する貸倒引当金の算定方法には、次の２つの方法があります。

❶財務内容評価法

　財務内容評価法では、債権の額から担保や保証によって回収が見込まれる金額を差し引き、その残額について、債務者の財政状態などを考慮して貸倒引当金を算定します。

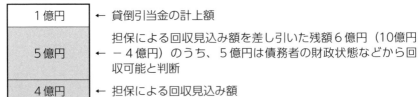

　財務内容評価法による場合には、債務者の支払能力を判断するための資料を入手する必要があり、債務者との関係によってはこの方法によることが困難なケースもあります。

　そのため、初めて貸倒懸念債権に分類した債権については、簡便的に債権から担保や保証によって回収が見込まれる金額を差し引いた残額に50％をかけて貸倒引当金を算定する方法も認めら

れています。上記の例でこの方法を採った場合の貸倒引当金は3億円（(10億円－4億円)×50％）となります。

❷キャッシュ・フロー見積法

キャッシュ・フロー見積法では、将来現金での回収が見込まれる債権の元本と利息の金額を見積り、その将来キャッシュ・フローを一定の利率を用いて現在の価値に割り引きます。そして、債権の額から割引後のキャッシュ・フローを差し引いた残額をもって貸倒引当金とします。

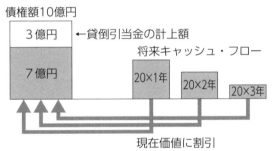

破産更生債権等

破産更生債権等とは、経営破たんしている債務者または実質的に経営破たんに陥っている債務者に対する債権をいいます。

例えば、債務者に民事再生や手形の取引停止処分などといった法的または形式的な経営破たんの事実が生じている場合が該当します。そのほか、法的または形式的には経営破たんには至っていないものの、深刻な経営難で再建の見通しも立たないといった状

態にある債務者に対する債権も破産更生債権等に該当します。

 ## 破産更生債権等の貸倒引当金の算定方法

　破産更生債権等の貸倒引当金は、貸倒懸念債権でみた「財務内容評価法」により算定します。ただし、貸倒懸念債権の場合とは少し計算方法が異なります。

　貸倒懸念債権の場合の「財務内容評価法」では、債権の額から担保や保証によって回収が見込まれる金額を差し引いたあと、その残額について債務者の財政状態などを考慮して貸倒引当金を算定するというステップを踏みます。

　これに対して、破産更生債権等では、債権の額から担保や保証によって回収が見込まれる金額を差引いた残額を、そのまま貸倒引当金とします。

＜財務内容評価法：破産更生債権等の場合＞

債権額10億円

| 6億円 | ← 貸倒引当金の計上額 |
| 4億円 | ← 担保による回収見込み額 |

10 ｜ 貸倒引当金

＜債権の分類と貸倒引当金の算定方法：まとめ＞

→ 右に行くほど回収の懸念が大きい債権

債権の分類	一般債権	貸倒懸念債権	破産更生債権等
貸倒引当金の算定方法	貸倒実績率	キャッシュ・フロー見積法	財務内容評価法

※ 貸倒懸念債権は、キャッシュ・フロー見積法または財務内容評価法により算定する。

column
引 当 金

　貸倒引当金に限らず、財務諸表には「引当金」という名称のついた勘定科目がよく登場します。

　引当金は確定した債務ではないものの、将来会社に支出（または収入の減少）が生じると見込まれるものをあらかじめ費用と負債（または資産のマイナス）として計上しておくものです。

　引当金の計上が必要かどうかは、企業会計原則に示されている次の4つの要件に照らして判断します。

＜企業会計原則　注解18＞

- ❶　将来の特定の費用又は損失であること
- ❷　その発生が当期以前の事象に起因していること
- ❸　発生の可能性が高いこと
- ❹　その金額を合理的に見積ることができること

　企業会計原則では、貸倒引当金以外にも製品保証引当金や賞与引当金、損害補償損失引当金など計11の引当金が例示されています。上記の4要件を満たすものであれば、これら11の引当金に限らず、適切な名称を付して引当金を計上しなければなりません。

　引当金の計上は、経営者による見積りに大きく依存する会計処理であり、特に実務上は❸と❹の判断がポイントになります。

キーワード11

有形固定資産

当社では工場の新設による大規模な設備投資を行う予定です。設備投資にあたり取得する建物や機械などについて会計上どのような処理が行われるのか教えてください。

事業のために長期間にわたって使用する資産で、形のあるものを有形固定資産といいます。有形固定資産に分類される資産としては、次のようなものがあります。

- 土地
- 建物
- 車両運搬具
- 機械装置
- 工具器具備品　など

有形固定資産は、事業のために長期間にわたって使用する資産とされていますので、例えば不動産販売業を営む会社が販売目的で保有する土地や建物は、有形固定資産ではなく**棚卸資産**（☞41ページ）（いわゆる在庫）となります。工作用機械のメーカーが製品として製造した機械も同様です。

 ## 取得時の会計処理

有形固定資産を取得した場合、その取得価額に据付費などの付随費用を加えた金額（取得原価）をもって貸借対照表に計上します。

また、取得した有形固定資産について、将来その資産を処分する際に法令や契約によって課せられた義務がある場合、**資産除去債務**（☞73ページ）を見積り、有形固定資産の取得原価に加えます。

$$\text{有形固定資産の当初計上額（取得原価）}＝取得価額＋付随費用（＋資産除去債務相当額）$$

 ## 償却性資産と非償却性資産

有形固定資産は、一旦計上した後に「減価償却」という処理を行うかどうかによって、「償却性資産」と「非償却性資産」とに分類できます。簡単にいえば、時の経過や使用に伴って価値が減少していくものは償却性資産として減価償却を行う一方、時の経過や使用によっても価値が減少しないものは非償却性資産として減価償却は行いません。

土地や書画、骨董品などはどれだけ長期にわたって使用してもその価値が減少するわけではありませんので、非償却性資産に該当します。そして、これらの非償却性資産を除く有形固定資産は償却性資産になります。

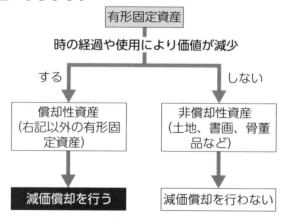

減価償却により使用する年数にわたって費用化

　償却性資産は、時の経過や使用に伴って少しずつその価値が減少（減価）していきます。建物であれば、使用する間に風雨にさらされるなどして徐々に劣化していきます。また、機械装置であれば、使用によってすり減り物理的に劣化するとともに、新製品の登場などにより機能的な面からも減価していきます。

　そこで、これらの減価を会計上適切に認識するために、償却性資産については、取得原価をその資産を使用すると見込まれる期間（耐用年数）にわたって少しずつ費用として配分していきます。この会計処理を減価償却といいます。

　有形固定資産は、事業に供して収益を生み出すことを目的として使用するものですので、耐用年数にわたって減価償却を行うことによって、その資産を使用することで得られる収益との対応が図れることになります。

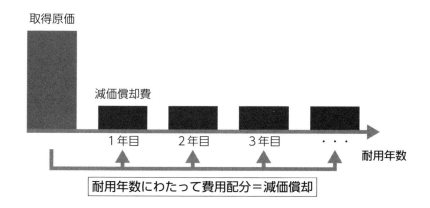

減価償却の方法

　減価償却には、定額法、定率法、級数法、生産高比例法といったいくつかの方法があり、どの方法を採用するかを会社が選択します。ここでは、多くの会社が採用している定額法と定率法について説明します。

定額法	取得原価を耐用年数で均等に按分して毎期の減価償却費の額とする方法 減価償却費 ＝（取得原価 － 残存価額）÷ 耐用年数
定率法	耐用年数に応じた一定の償却率を帳簿価額に乗じて毎期の減価償却費の額とする方法 減価償却費 ＝ 帳簿価額 × 償却率

　減価償却の方法としていずれの方法を採用しても、耐用年数を通じて費用となる合計金額は同じです。しかし、選択した方法によって各期の損益に与える影響は大きく異なります。

　下表のように、定額法では耐用年数にわたって毎期同額の減価償却費が計上されます。これに対して、定率法では償却を開始した初年度が最も減価償却費の額が大きくなり、年数が経過するごとに徐々に減価償却費の額は減少していきます。

　減価償却の方法を自由に変更することによって利益操作を行うことがないよう、一度採用した減価償却の方法は**会計方針**（☞153ページ）として毎期継続して適用しなければならず、正当な理由なしに変更することはできません。

取得原価：10億円
耐用年数：5年
残存価額：ゼロ

経過年数	定額法	定率法
1年目	2億円	4億円
2年目	2億円	2億円
3年目	2億円	1億円
…	…	…
…	…	…
合計	10億円	10億円

 ## 収益性が悪化した場合には減損の可能性

　有形固定資産は、計上後も減価償却を行うことにより耐用年数にわたって費用処理していきます。しかし使用の途中で経営環境が激変し、使用を続けても現在の帳簿価額を超えるキャッシュを生み出せそうにないという状況に陥ることがあります。

　そのような場合には、減価償却とは別に、**固定資産の減損**（☞92ページ）という会計処理によって、資産の収益性の低下を帳簿価額に反映するため、有形固定資産の残高の一部または全部を減額して、減損損失（特別損失）に計上する処理を行います。

　固定資産の減損会計は、時に多額の損失計上につながり、かつ経営者による**見積り**（☞157ページ）に大きく依存する会計処理であるため、実務上重要な検討事項になりやすいといえます。

column
IFRS 導入で定額法へ

　日本の会社の多くは、法人税法の規定に沿った減価償却の方法を採用しています。そのため、機械装置や工具器具備品など、建物を除いた有形固定資産については、定率法が広く用いられています。

　ところが、近年国際的な会計基準であるIFRS（国際財務報告基準）（☞209ページ）を適用する会社を中心に、これらの資産の減価償却方法を定率法から定額法に変更する例がみられます。

　IFRSでも定額法だけでなく、定率法や生産高比例法といった減価償却方法が認められています。しかし、IFRSでは、会社が選択する減価償却方法は、「その資産の将来の経済的便益が費消されると予測されるパターンを反映したものであること」を求めています。

　難しい言い回しですが、定率法を採用するのであれば、その資産が取得当初から急速に陳腐化していくものであるなど、定率法を採用することが合理的といえる利用実態が伴っていることが必要であるとするものです。

　そのため、定率法と比較すると、時の経過に伴って同じように減価していく前提による定額法のほうが、より資産の利用実態に即していると判断した会社が多かったのかもしれません。

キーワード12

資産除去債務

土地を賃借してその上に自社工場（建物）を建設する準備を進めています。経理部門からは、会計処理を行うに当たって、将来土地を返却するときに発生する建物撤去費用の見積りが必要と言われました。「資産除去債務」という比較的新しい会計基準に関連しているそうなのですが、どのような会計処理なのでしょうか。

外部から購入したり自社で建設したりした**有形固定資産**（☞67ページ）を将来的に除去するときに、法律や契約に基づいて要求される義務を「資産除去債務」といいます。ここでいう除去には、撤去だけでなく売却やリサイクルなどによる処分も含みます。

例えば、借地の上に建設した自社の建物について、将来借地を返還するときに建物を撤去し元の状態に戻さなければならないという条件の付いた借地契約があったとします。この場合、契約上の義務として建物を撤去する必要がありますので、その建物について資産除去債務を計上しなければなりません。

このほかにも、工場用地を引き払う際に、法令により有害物質の除去を義務付けられている場合などに、あらかじめ資産除去債務を計上する必要があります。

資産除去債務の会計処理

資産除去債務の会計処理について、当初の計上からその後の処理まで実際の数値例を用いて時系列でみてみましょう。

ケース・スタディ

- 借地の上に自社工場を1,000億円で建設した。
- 建物の減価償却は、耐用年数20年、残存価額ゼロの定額法による。
- 借地の契約には20年経過後に、建物を撤去し更地で返還する条件が付されている。
- 資産除去債務の見積り（☞73ページ）に関する諸数値は以下のとおり。

20年後の建物の解体費用の見込額	150億円
その割引現在価値	100億円
現在価値を算定する際の割引率	2％

❶当初計上時

資産除去債務が存在する場合、将来対象となる資産の除去を行うときに要する支出（キャッシュ・フロー）を見積り、現在の価値に割り引いた金額を資産除去債務として負債に計上した上で、同額を有形固定資産として計上します。

この例では、自社工場を建設した時に、建物本体の1,000億円とは別に100億円を資産除去債務（負債）および有形固定資産（資産）に計上する処理を行います。

❷有形固定資産に計上した後の処理

資産除去債務に対応して有形固定資産に計上した100億円は、

資産除去債務の発生のもととなる建物の帳簿価額1,000億円に加算します。合計金額である1,100億円については、建物の耐用年数にわたって減価償却費として計上していきます。将来の撤去費用も含めて、建物を事業の用に供するための取得原価と考え、その建物を使用する期間にわたって費用として配分していくイメージです。

この例では、残存価額ゼロ、耐用年数20年間の定額法ですので、毎年の減価償却費は55億円（（1,000億円＋100億円）÷20年）となります。

❸資産除去債務に計上した後の処理

一方、負債に計上した資産除去債務については、もう少し複雑です。資産除去債務は、将来予想されるキャッシュ・フロー150億円を現在の価値100億円に割り引いて計上しました。そのため、時間が経過すると、現在時点の負債額は金利分だけ増加します。

そこで、期首の資産除去債務に一定の利率を乗じた金額を資産除去債務の調整額として費用に計上するとともに資産除去債務（負債）の額に加算していきます。先の例に2％の利率を用いると1年目の調整額は2億円（100億円×2％）となります。

❹実際に建物を撤去する時の処理

実際に建物を撤去し、その撤去に係る支出が生じるタイミングで、資産除去債務を取り崩します。撤去に係る支出が、見積もった資産除去債務の額と同じ150億円であれば、既に資産除去債務に相当する費用は減価償却費および時の経過に伴う調整額として費用に計上済みですので、撤去に伴って改めて費用が計上されることはありません。

なお、資産除去債務はあくまで見積りですので、状況が変化した場合には、適時にその見積りを修正する必要があります。
　以上をまとめると下図のようになります。

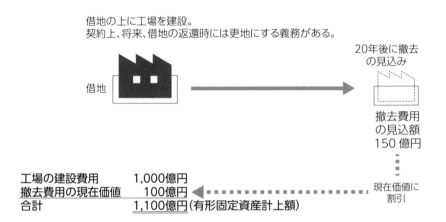

	1年目	2年目	3年目		20年目	合計
有形固定資産の減価償却費(費用)	55億円	55億円	55億円	……	55億円	1,100億円
うち、資産除去債務相当額	(5億円	5億円	5億円	……	5億円	100億円)
資産除去債務(負債)	100億円	102億円	104億円	107億円	……	150億円	―
時の経過による調整額(費用)		2億円	2億円	3億円	…		50億円

＊　□部分：撤去に係る150億円が、建物の耐用年数20年にわたって費用に計上される（減価償却費として100億円＋時の経過による調整額として50億円）

column
資産除去債務の計上事例

実際に資産除去債務を計上している会社の事例には次のようなものがあります。

業種	資産除去債務の期末残高	資産除去債務の内容
小売業	26億円	不動産賃貸借契約に伴う原状回復義務
小売業	3億円	店舗および事務所の建物賃貸借契約に伴う原状回復義務
製造業	7億円	工場配管に含まれるアスベストを法的手順に即した処分方法で廃棄する義務
鉱業	183億円	国内外の石油および天然ガスの採掘施設などに係る法令および借地契約などによる坑井の廃坑費用や施設の撤去費用など

事例によると、多くの会社が本社や店舗として賃借している不動産の賃貸借契約に基づく原状回復義務について、資産除去債務を計上しています。さらに製造業の一部では、これらの原状回復義務のほかに、環境対策として法令により要求される義務について資産除去債務を計上している例がみられます。

キーワード13

無形固定資産・ソフトウェア

当社では自社で使用するためのソフトウェアを無形固定資産に計上しています。ソフトウェアをはじめとする目に見えない資産はどのように会計処理されるのでしょうか。

無形固定資産とは

事業のために長期間にわたって使用する資産で、形のないものを無形固定資産といいます。無形固定資産に分類される資産としては、次のようなものがあります。

- ●特許権　●借地権　●実用新案権　●意匠権
- ●鉱業権　●漁業権　●ソフトウェア　●のれん　など

大きくは「権」とついた法律上の権利とソフトウェア、そしてのれんに分類できます。このほかにも、最近では、他社の保有する顧客基盤の取得を目的としたM&Aに伴い「顧客関係資産」などの名称で無形固定資産を計上するケースもみられます。

なお、のれんについては大型のM&Aが行われる際や日本の会計基準とIFRS（☞209ページ）との間に存在する会計上の取扱いの差など何かと話題になるところですので、改めて別のキーワード（☞85ページ）として解説しています。

したがって、ここでは、のれんを除く無形固定資産を中心にみ

ていきます。

無形固定資産の取得時の会計処理

無形固定資産も**有形固定資産**（☞67ページ）と同じように取得価額に付随費用を加えて当初の計上額とします。

例えば、特許権を外部から購入した場合には、その購入価額に、登録免許税や弁理士に支払う手数料などの必要経費を加えた金額をもって無形固定資産に計上します。

減価償却

地上権のように価値が減少しない一部資産を除いて、耐用年数にわたって減価償却を行います。減価償却の方法については、有形固定資産同様にいくつかの方法から選択適用することができますが、通常、無形固定資産の多くは定額法によって減価償却を行います。

有形固定資産の場合、減価償却をした額を建物などの勘定科目から直接差し引いて貸借対照表に表示する方法のほか、「減価償却累計額」として取得原価からマイナス表示することによって間接的に表示する方法があります。

しかし、無形固定資産の場合には「減価償却累計額」を用いた間接的な表示はなく、すべて特許権などの勘定科目から直接差し引いて表示します。そのため、貸借対照表の無形固定資産の残高は、常に減価償却費を差し引いた後の金額で計上されています。

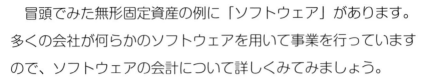

冒頭でみた無形固定資産の例に「ソフトウェア」があります。多くの会社が何らかのソフトウェアを用いて事業を行っていますので、ソフトウェアの会計について詳しくみてみましょう。

会計基準では、「コンピュータを機能させるように指令を組み合わせて表現したプログラム」などをソフトウェアとしています。そして、会計上の取扱いを定めるにあたって、ソフトウェアを大きく次の3つに分類しています。

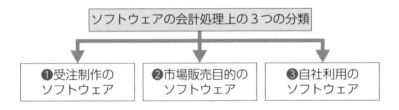

❶受注制作のソフトウェア

顧客から委託を受けてソフトウェアを制作する場合における受注側にとってのソフトウェアです。受注制作のソフトウェアは、請負工事の会計処理に準じて処理します。すなわち、ソフトウェアの制作途中の段階で、その進捗部分について成果の確実性が認められる場合には「工事進行基準」により、この要件を満たさない場合には「工事完成基準」によって会計処理を行います。売上高が計上されるまでの間、発生した原価は仕掛品として流動資産に計上されます。請負工事の会計処理については、「キーワード7 **工事進行基準**」（☞36ページ）で詳しく解説していますので、

そちらを参照してください。

❷市場販売目的のソフトウェア

　家電量販店でみられる CD-ROM に収録された会計ソフトのようにパッケージとして販売されるソフトウェアです。受注制作のソフトウェアが顧客からの指示によるオーダーメイドであるのに対して、市場販売目的のソフトウェアは制作側が企画・製造し、不特定多数の顧客に販売するものであるとイメージすればよいでしょう。

　市場販売目的のソフトウェアは、制作を開始し、最初に製品化された製品マスターが完成するまでの期間を**研究開発**（☞116ページ）段階として、発生したコストについては費用処理します。そして、制作した製品マスターについて、その後に機能の改良や強化を行うためにかかったコストをソフトウェアとして無形固定資産に計上します。

❸自社利用のソフトウェア

　文字どおり自社で利用するためのソフトウェアです。例えば、分散していた顧客データを集約して管理するためのデータベース管理システムや、業務効率を向上させるために新規に導入した会計システムなどが自社利用ソフトウェアに該当します。

　また、その利用の成果が単純に内部に留まるものだけでなく、顧客にサービスを提供するために会社が使用するソフトウェアも自社利用ソフトウェアです。

ソフトウェアの制作・販売を事業としている会社以外では、ソフトウェアの多くがこの「自社利用ソフトウェア」に該当します。

　自社利用のソフトウェアは、将来の収益獲得または費用削減が確実と認められる場合には、その取得に要した費用をソフトウェアとして資産に計上します。外部から購入したものだけでなく、自社の情報システム部門などで制作した場合でも、将来の収益獲得または費用削減が確実と認められる限り、労務費や経費を集計してソフトウェアに計上します。

　自社利用のソフトウェアであっても、それがまだ研究開発段階にあると考えられる場合や、収益獲得・費用削減が確実とはいえないものである場合には、資産として計上することはできません。このため発生の都度費用として処理することになります。

　会社が自社利用のソフトウェアの購入や製作を行うと決めるときには、当然ながら将来の収益獲得や費用削減が見込めるとの判断に基づいていると考えられます。しかし、この見通しが甘いままで安易にソフトウェアを資産計上すると、その後、当初の見通しどおりに行かない場合には多額の減損損失の計上を迫られることになります。

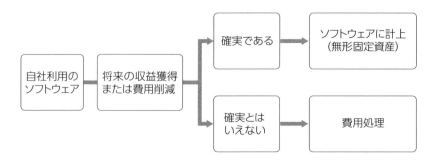

13 | 無形固定資産・ソフトウェア

<ソフトウェアの会計処理　まとめ>

分類	会計処理	ソフトウェア計上後
受注制作のソフトウェア	●請負工事の会計処理に準じる。	（ソフトウェアへの計上はなし。）
市場販売目的のソフトウェア	●最初に製品化された製品マスターの完成までのコストは費用処理。 ●その後の機能の改良や追加にかかったコストはソフトウェアに計上。	ソフトウェアに計上後は減価償却。 計上後に利用中止などの状況になった場合には減損損失の計上が必要。
自社利用のソフトウェア	●収益獲得・費用削減が確実なものはソフトウェアに計上（ただし研究開発段階は費用処理）。	

column
市場販売目的のソフトウェアは販売予測が重要

　市場販売目的のソフトウェアと自社利用のソフトウェアは、いずれも無形固定資産に計上後は、合理的と考えられる方法で減価償却を行います。

　自社利用のソフトウェアについては、会計基準上、一般的には定額法が合理的で、また、耐用年数は原則として5年以内とされていることから、多くの会社で耐用年数5年の定額法による減価償却が行われています。

　一方、市場販売目的のソフトウェアの償却はやや複雑です。合理的な償却方法としては、見込販売数量や見込販売収益に基づく方法が考えられるとされていますが、いずれの方法も将来の販売予測が毎期の減価償却費の額に大きく影響します。また、市場販売目的

のソフトウェアの販売期間の見積りは、合理的な根拠がない限り3年以内とされています。

しかし、販売見込みを1、2年目は小さく、3年目に大きく見込むと、2年目までの減価償却費の額を過度に小さくできてしまいます。

そのため、販売見込みによる減価償却による場合であっても、毎期の減価償却費の額は、残存年数による均等配分額より小さくすることはできないとされています。

<市場販売目的のソフトウェアの取得原価が10億円の場合>

<販売予測A：強気>	1年目	2年目	3年目	合計
見込販売数量（本）	300,000	250,000	200,000	750,000
減価償却費（億円）	4	3	3	10

<販売予測B：堅め>	1年目	2年目	3年目	合計
見込販売数量（本）	200,000	120,000	80,000	400,000
減価償却費（億円）	5	3	2	10

例えば、この表にあるように、市場販売目的のソフトウェアを10億円で開発し、無形固定資産に計上した場合、その後の販売見込数量をどのように見積もるかによって、3年間で費用化される金額は合計10億円でも、毎期の費用計上額には差が生じることがわかります。

キーワード14

のれん

取引先の連結財務諸表を見たところ、連結貸借対照表の資産合計500億円のうち「のれん」が150億円を占めていました。M＆Aに関連したニュースなどでも最近耳にすることが増えてきた「のれん」とは具体的にどのようなものか教えてください。

また、その会社はIFRS（国際財務報告基準）（☞209ページ）を採用していますが、日本の会計基準とIFRSとで「のれん」の会計処理について何か違いはあるのでしょうか。

　会社が他の会社の株式を取得して子会社化したり、他の会社の事業を譲り受けたりといった、いわゆるM＆Aを行う際に、会計上「のれん」というものが発生することがあります。

　のれんとは、「❶M＆Aにおける取得の対価」と、「❷M＆Aによって受け入れた資産と引き受けた負債の純額」との差額を意味します。

　計算式にすると、次のとおりです。

> のれん ＝ ❶取得の対価 － ❷受け入れた資産と引き受けた負債の純額

　この説明だけでは、なかなかイメージが持てず、わかりにくいと思いますので、次に具体的なケースでみてみましょう。

ケース・スタディ

＜A社がB社の発行済株式をすべて取得し、連結子会社化したケース＞

A社がB社株式を取得するために支払った金銭（取得の対価）	100億円	❶
A社が受け入れたB社の資産（時価） A社が引き受けたB社の負債（時価） 受け入れた資産と引き受けた負債の純額	150億円 △80億円 70億円	❷

＊ ❶と❷は前のページの計算式に対応している。

　A社がB社株式を取得して子会社とした場合、A社はB社の**財務諸表**（☞1ページ）を自社の財務諸表に合算して**連結財務諸表**（☞144ページ）を作成します。このとき、A社はB社の資産・負債をすべて取得時の時価で評価した上で連結する必要があります。このケースでは、資産の時価は150億円で、負債の時価は80億円であるため、その純額は70億円となります。これに対して、A社がB社株式を取得する際に支払った金銭は100億円です。このときの100億円と70億円の差額30億円がのれんとなります。簡単に言えば、B社の価値のうち、個々の資産・負債として把握できるものは70億円ですが、A社はそれを30億円上回る100億円で購入しています。この時の30億円がのれんとなります。

＜のれんのイメージ＞

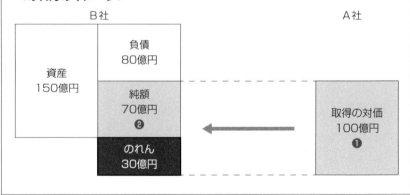

こののれんとは、受け入れた資産と引き受けた負債の純額を超える「何らかの価値」であり、買収の成果として期待されるシナジー効果（相乗効果）、社会的な知名度、質の高い従業員などからなる将来の超過収益力であるとされています。

仮にこのケースで、Ａ社が100億円で買収を想定していたところ、競合のＣ社が参入してきたことで買収合戦となり、Ａ社が最終的に120億円でＢ社株式を取得した場合には、のれんは50億円になります。この場合、Ａ社が当初想定していた100億円にプラスした20億円を、Ｂ社が有する個々の資産の価値と紐付けて説明することはできません。このことからも、のれんを「何らかの価値」という表現以外で形容することの難しさがわかります。

結局のれんとは、これ以上個々の資産・負債に区分して識別することができないものであり、識別できる資産・負債と、取得の対象となった会社全体の価値（＝取得の対価）との差額ということになります。

Ｍ＆Ａを活発に行う会社では、多額ののれんが計上され、会社によっては質問にあるように資産の相当な部分をのれんが占めるというケースもあります。

　のれんを計上する際のポイント　

のれんは、取得の対価と、受け入れた資産と引き受けた負債の純額との差額ですから、のれんが正しく計算されるためには、受け入れた資産と引き受けた負債が漏れなく把握され、それぞれの価値が正しく評価される必要があります。後述しますが、のれん

とそれ以外の資産では資産計上後の会計処理が異なるため、のれんとそれ以外の資産を正確に区分することはM＆A後の会社の業績を測る上でとても重要です。

　取得の対価を、個々の資産・負債として識別し金額を区分することを「パーチェス・プライス・アロケーション」といいます。英語の頭文字をとってPPAと略されることもあります。M＆Aにあたっては、通常、買収価格の決定およびPPAを適切に行うために、外部の専門家を交えたチームによる各種調査（デューディリジェンス）が行われます。

のれんの償却

　のれんは、その金額の大小にかかわらず、**無形固定資産**（☞78ページ）として（連結）**貸借対照表**（☞4ページ）に計上されます。日本の会計基準では、のれんを無形固定資産として計上した後は規則的に償却し、一定期間にわたって費用化します。

　償却は「その効果の及ぶ期間」にわたって行うとされており、会社が自らの判断で償却期間を決定することになります。償却期間が短ければ1年当たりの費用計上額は大きくなり、長ければ1年当たりの費用計上額は小さくなりますので、償却期間の見積りは、年度単位でみた場合の会社の業績に大きな影響を及ぼします。ただし、償却期間は会計基準によって最長でも20年を超えることはできないものとされています。

<のれんが計上されている事例>

会社	決算期	資産合計	うち のれん
クックパッド（株）	2015年12月期	274億円	72億円
（株）ミクシィ	2016年3月期	1,650億円	102億円
そーせいグループ（株）	2016年3月期	473億円	154億円

のれんの減損

　日本の会計基準では、上記のとおり、のれんを一旦計上した後は、基本的には最初に決定した方針に従い、規則的に償却を行います。しかし、それだけで終わりではなく、のれんに資産としての価値があるかどうかを常に確認することが必要となります。この確認が「減損」の検討であり、のれんに資産価値がないと判断された場合には、即時に減損損失を計上しなければなりません。

　具体的には、高い価額で他社を買収したものの、その会社が想定どおりの利益を上げることができず、結果のれんに見合うだけの投資額の回収ができない事態に陥ったと判断されたときなどが該当します。

　のれんについて減損損失を計上するに至ったケースとしては次ページの表のような例があり、中には、Ｍ＆Ａを行った翌年にすでに減損損失が計上されたケースもみられます。特に多額ののれんが計上されたＭ＆Ａにおいては、のれんの減損リスクが常に存在することになります。

<のれんについて減損損失を計上するに至った経緯の開示例>

業種 (上場市場)	減損損失の認識に至った経緯
化学 (東証1部)	XX分野事業を取得した際に計上したのれんについて、株式取得時に検討した事業計画において想定した利益が見込めなくなったため
サービス (東証1部)	子会社「株式会社XX」の利益が買収時の計画を下回ったことを踏まえ、事業用固定資産およびのれんにおける収益性の低下により投資額の回収が見込めなくなったため
情報・通信業 (東証1部)	前連結会計年度に事業譲受により取得したXX,Inc.のXX事業において、当初想定していた収益を見込めなくなったため

 ## IFRSにおけるのれんの取扱い

　ここまでで説明したとおり、現在、日本の会計基準ではのれんを無形固定資産として資産計上し、一定期間にわたって規則的に償却することとされています。しかし、のれんが償却すべき性質のものであるかどうかは会計上大きな論争があります。

　IFRSでは、のれんについて規則的な償却は行わず、のれんの価値が損なわれたと判断されたときに限って減損処理を行うこととされており、日本の会計基準と大きな違いがあります。

　M&Aを活発に行う企業では、のれんを償却するか否かで業績に大きな差が生じるため、国際的な競争力という観点から、日本においてものれんの償却を不要とすることを求める声があり、のれんの償却を取り巻く論争は今も続いています。

column
M&Aを積極的に活用する会社が無視できないのれんの会計処理

　数ヵ月前に、某大手通信会社が英国の会社を3兆円を超える金額で買収すると発表したのは記憶に新しいところですが、この案件では兆円単位でのれんが発生するのではないかといわれています。この会社はすでにIFRSを採用しているため、のれんの償却は行われませんが、仮に1兆円ののれんを20年間で償却した場合、のれんの償却費だけで年間500億円の費用負担が生じることになります。自社の成長のためにM&Aを積極的に活用している会社にとって、のれんを償却するかどうかの影響は大きく、個々のM&Aを実行するかどうかの判断を行う上でも無視できないものと考えられます。

　日本の会計基準のもとでのれんの償却を行っている会社は、その償却費分だけ利益が圧迫されるものの、償却が進むにつれてのれんの残高は小さくなっていきますので、将来発生する可能性のあるのれんの減損リスクは小さくなります。他方、IFRSのもとでのれんの償却を必要としない会社は、償却費負担がない分、買収した相手先の業績を自社グループの業績として最大限に取り込むことができる一方で、買収時に計上したのれんがそのまま残っているため、将来多額の減損損失が発生するリスクを抱えることになります。

　償却による毎期の費用負担だけでなく、将来の減損リスクも踏まえると、経営者にとってのれんの償却を必要とするかどうかは一概にどちらがよいとは言い切れず、会計基準の選択にも経営者の考え方、姿勢が表れるところでしょう。また、財務諸表の利用者である投資家としては、華々しいM&Aによって多額ののれんが計上された場合には、その後の行方にも関心を持っておく必要があります。

キーワード15

固定資産の減損会計

　最近他社で「固定資産の減損」により多額の損失を計上したというニュースが相次いでいます。固定資産の減損とはどのような場合に計上されるのでしょうか。また、何百億円と驚くような額の損失を目にしますが、その金額がどのように計算されるのか教えてください。

　会社が保有する建物や機械といった**固定資産**（☞67、78ページ）は、使用が見込まれる年数（耐用年数）にわたって、減価償却により費用として計上していきます。これは、固定資産が事業の役に立ち、固定資産の取得にかかった支出を上回る収益を生み出すと見込まれていることを前提として、収益とそれに係る費用を対応させるという考え方によっています。言い方を変えると、固定資産として資産計上されている金額は、将来それ以上の収益を生み出すため、少なくとも現在の帳簿価額以上の価値があると評価されていることになります。

　しかし、めまぐるしく変化する経済環境の中では、多額の設備投資を行ったものの、当初想定していたとおりの収益を得られないといったことが起きます。特に、莫大な投資により多額のリターンが期待される事業は、一方で、世界経済の変調などにより業績が急速に悪化するリスクがあります。そのような場合、保有する固定資産が当初想定されたような収益を上げられないどころか、

15 | 固定資産の減損会計

投資資金すら回収できないという状況になることがあります。その際に、回収できないと見込まれる金額を損失として計上するのが「固定資産の減損会計」です。

<固定資産の減損会計のイメージ>
・3年前に1,000億円をかけて工場を新設した
・現在の土地・建物・設備など固定資産の帳簿価額は800億円

(1) 当初の計画どおり順調に利益を上げているケース

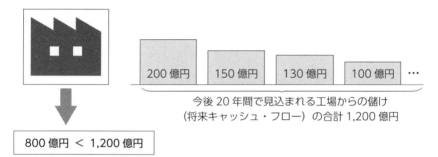

現在の帳簿価額を上回る将来キャッシュ・フローを獲得できる見込み⇒減損は必要なく、当初からの減価償却を継続

(2) 当初の計画に反して損失が生じているケース

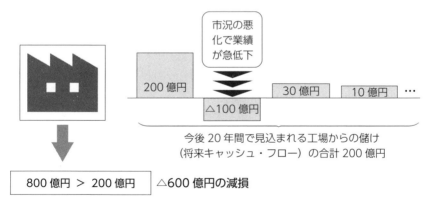

現在の帳簿価額を上回る将来キャッシュ・フローを獲得できない見込み ⇒ 600億円（800億円−200億円）を減損損失として計上、減損後の帳簿価額200億円を減損後の耐用年数で減価償却

※簡略化しています。実際に減損損失を計上する場合には次ページの3つのステップを踏みます。

減損損失を計上するまでの３つのステップ

　日本の会計基準では、減損損失を計上するまでに次の３つのステップを踏みます。どのステップでも、経営者による判断・見積り（☞157ページ）が会計処理の結果を大きく左右します。

【STEP1】　「減損の兆候」があるかどうかの判定

　まず、会社が保有する固定資産について、減損損失の計上を検討すべき兆し（減損の兆候）があるかどうかを判定します。減損の兆候としては、例えば次のようなものがあります。

- 営業活動によるキャッシュ・フロー（☞19ページ）が継続してマイナス
- 対象とする資産の使用方法の変化
- 経営環境の著しい悪化
- 対象とする資産の時価の下落　など

　減損の兆候があるかどうかは、会社が自社の固定資産をＡ事業用資産・Ｂ事業用資産などにグルーピングし、それぞれのグループ単位で判定します。資産のグルーピングは、独立したキャッシュ・フローを生み出す最小の単位によることとされており、投資の意思決定を行う際の単位などを考慮して、会社自らが決定します。

【STEP2】　減損損失を計上する必要があるかどうかの判定

　【STEP1】で減損の兆候があると判定した資産グループにつ

いて、実際に減損損失を計上する必要があるかどうかの判定を行います。

具体的には、①減損の兆候があると判定した資産グループの固定資産の帳簿価額と、②その資産グループから今後生み出される将来のキャッシュ・フローとを比較して、②が①よりも小さい場合に減損損失の計上が必要と判定します。

例えば、①固定資産の簿価800億円に対して、②将来のキャッシュ・フローの合計が300億円であれば、①800億円 ＞ ②300億円となるため、減損損失の計上が必要となります。

【STEP3】 減損損失の計上額の算定

【STEP2】で減損損失の計上が必要と判定された場合、実際に計上する減損損失の額を算定します。このとき、①800億円と②300億円の差額の500億円がそのまま減損損失の額とはならない点が少々ややこしいところです。

将来生み出される300億円は、現在のお金の価値に引き直すと通常300億円より小さな金額になります。将来のキャッシュ・フローには利回りによる増加分が含まれているためです。この将来のお金の価値を今の価値に引き直す計算を「割引計算」といいます（97ページのコラム「割引計算」参照）。

300億円の将来キャッシュ・フローを割引計算した結果、割引後の将来キャッシュ・フローは200億円と計算されたとします。このとき、固定資産の帳簿価額800億円と割引後将来キャッシュ・フロー200億円の差額600億円を減損損失として計上します。

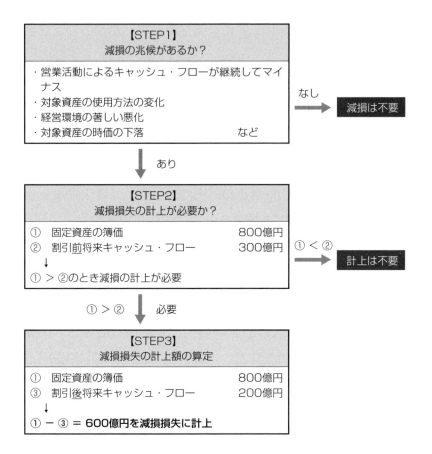

　3つのステップのうち、【STEP2】における将来キャッシュ・フローの見積りは減損損失を計上するかどうかを判断する上で特に重要です。そのため、過度に楽観的なものにならないよう、現在の状況を踏まえた合理的な将来予測であることが求められます。

　固定資産の減損会計の対象　

　固定資産の減損会計は、上の例でみた土地や建物に限らず、他の会計基準で減損処理について別途定められている**投資有価証券**

（☞51ページ）や**繰延税金資産**（☞112ページ）などを除いた固定資産すべてがその対象になります。そのため、**有形固定資産**（☞67ページ）に含まれる建設仮勘定や**リース資産**（☞119ページ）、**無形固定資産**（☞78ページ）に含まれる自社利用目的のソフトウェアといった資産も対象となります。Ｍ＆Ａを行ったときに計上される**のれん**（☞85ページ）も無形固定資産の１つとして固定資産の減損会計の対象であり、Ｍ＆Ａ後に買収先が想定どおりの収益を上げられなかったとして、のれんについて多額の減損損失が発生し、会社の業績に大きな影響を及ぼす例も珍しくありません。

column

割引計算

　【STEP3】で、将来キャッシュ・フローの「割引計算」という考え方が登場しました。割引計算は、現在の会計基準のもとでは減損会計に限らずさまざまな会計処理で登場します。

　簡単に説明すると、現在の100円は10年後には金利が付いて110円になっているとします。逆にいうと、10年後に手に入る110円は現在の価値としては100円ということになります。固定資産の減損会計のほかにも、例えば、従業員に対する将来の退職金の支払に備えて計上する**退職給付債務**（☞125ページ）は、将来見込まれる退職金の支払見込額を一定の割引率で現在の価値に割り引いて計算します。

　割引計算では、割引率が大きいほど割引後のキャッシュ・フローは小さくなります。そのため固定資産の減損会計では、割引率が大きいほど減損損失の額は大きくなり、逆に割引率が小さいほど減損損失の額は小さくなります。固定資産の減損会計で使用する割引率

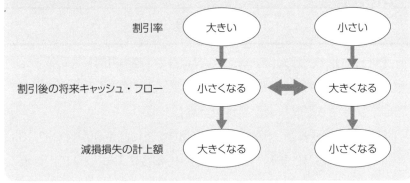

は、会社が経営管理上で用いている資産の収益率や上場会社が市場から期待されるリターンである資本コストなどを勘案して算定することとされています。

キーワード16

子会社株式の評価

　ある会社が子会社株式評価損の計上により赤字になったというニュースを見ました。当社にも子会社があることから気になっています。子会社株式評価損とはどのようなものか教えてください。また、子会社株式評価益が計上されることもあるのでしょうか。

　会社は、自社で直接事業を行うこともあれば、傘下の子会社を通じて事業を行うこともあります。子会社とは、A社がB社を「支配」しているときのB社をいいます。

　一般的には、A社がB社の株式の50％超を保有している場合に、A社はB社を支配していることとなり、A社は親会社、B社はA社の子会社となります。そして、A社が保有するB社の株式を「子会社株式」といいます。

　親会社が自社でも製造や販売といった事業を行いつつ子会社株式を保有するケースのほか、親会社自身はそれらの事業を行わず純粋持株会社として子会社株式の保有とその管理のみを行うケー

＜親会社と子会社のイメージ＞

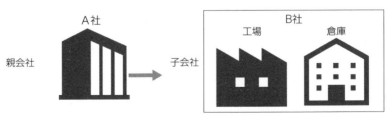

B社株式の50％超を保有
⇒A社が保有するB社の株式は「子会社株式」

スもあります。

　純粋持株会社の身近な例としては、ビール会社などを傘下にもつキリンホールディングス(株)が挙げられます。同社の個別**貸借対照表**（☞4ページ）（2015年12月期）によれば、資産合計1兆7,066億円のうち関係会社株式*¹が1兆4,087億円と実に8割超を占めています。

　　＊1　関係会社株式：子会社株式と関連会社株式を合わせたもの

 ## 子会社株式の評価

❶原則は取得原価で評価

　子会社株式は、取得原価をもって貸借対照表に計上します。親会社が子会社を設立した場合には設立時の出資額、親会社が子会社を他社から買収した場合にはその購入価額が取得原価となります。原則として、子会社株式はその後も取得原価のまま据え置かれ、決算ごとに評価替えは行いません。

❷価値が著しく下落した場合には評価損の計上が必要

　子会社株式の評価は原則として取得原価によりますが、子会社の財政状態が悪化し、子会社株式の実質的な価値（実質価額）が取得原価に比べて著しく下落した場合には、子会社の財政状態の回復が見込まれる場合を除いて、評価損を計上する必要があります。

　ここで、「実質価額が取得原価に比べて著しく下落した場合」とは、実質価額が取得原価の50％を下回る場合をいいます。

16 ｜ 子会社株式の評価

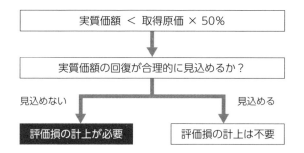

子会社株式評価損の計上について、簡単なケース・スタディでみてみましょう。

> **ケース・スタディ**
>
> 　A社はB社の株式を100％保有し、B社を子会社としています。A社はB社を10年前に他社から買収しており、その際の取得原価は10億円で、前期の決算まで子会社株式の計上額は10億円のまま据え置いてきました。
>
> 　しかし、近年B社が属する業界で大きな技術革新が起き、対応が遅れたB社は業績が急速に悪化しました。この結果、B社の純資産（時価）は1億円にまで落ち込む事態となりました。
>
> **＜子会社株式評価損の計上＞**
>
> 　この時、A社の保有するB社株式の取得原価は10億円であるのに対して、B社の純資産（時価）は1億円しかないため、B社株式を100％保有するA社にとってB社株式の実質価額は1億円となります。
>
> ```
> 実質価額1億円 ＜ 5億円（取得原価10億円の50％）
> ```
>
> 　実質価額1億円は、取得原価の50％（10億円 × 50％ ＝ 5億円）を下回っていることから、B社株式は著しく価値が下落した場合に該当します。

A社経営陣は、急きょB社の事業計画を練り直し、検討を重ねましたが、実質価額が回復する見込みは現時点では不透明であると判断しました。このため、子会社株式評価損9億円（取得原価10億円 － 実質価額1億円）を特別損失に計上することを決定しました。

＜子会社株式評価損を計上する場合のイメージ＞

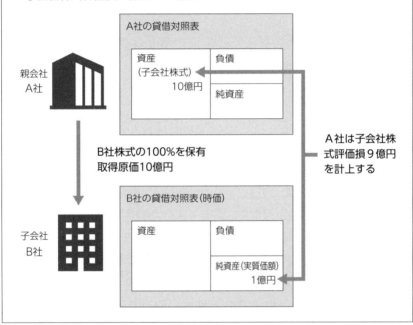

　このように子会社株式の評価損とは、いわば子会社を通じて行った投資の失敗を意味します。子会社を通じて行う新規事業への投資や海外展開などは既存の事業に比べて失敗するリスクも大きいため、子会社株式の評価が親会社の決算において重要な検討事項になることは珍しくありません。また、価値が著しく下落した場合に一時に計上される損失であるため、その額も大きくなりがちです。

子会社株式評価損は連結決算に影響しない

子会社株式評価損は、その子会社が連結子会社＊2である場合には、親会社の単体決算にのみ計上され、**連結決算**（☞144ページ）への影響はありません。連結決算では、子会社の**財務諸表**（☞1ページ）を親会社の財務諸表と合算して表示しており、連結財務諸表には子会社株式は計上されていないためです。子会社での業績の悪化は、悪化した子会社の**損益計算書**（☞11ページ）、貸借対照表を親会社の財務諸表にそのまま合算することによって、直接的に連結決算に反映されています。

　＊2　連結子会社：親会社が連結決算の範囲に含めている子会社

子会社株式「評価益」は計上しない？

子会社株式の「評価損」を計上するなら、子会社株式の「評価益」を計上することもあるのか、という疑問を持たれるかもしれません。しかし、子会社株式は取得原価による評価を原則としつつ、その価値が著しく下落した場合にのみ評価損を計上することとされていて、決算期ごとに時価評価するものではありません。したがって、子会社株式の評価損が計上されることはあっても、評価益が計上されることはありません。

もっとも、子会社の業績が好調な場合、連結決算には毎期反映されていきます。したがって、傘下に子会社を持ってグループ経営を行う会社の業績を適時に、また、正確に把握するためには、連結決算という視点が欠かせません。

キーワード17

税効果会計

　決算内容に関する役員会の中で、「税効果会計」という言葉がしばしば登場しますが、実はどういうものかよくわからないまま、今日に至っています。税効果会計は最終利益に直接影響する重要な会計処理のようなので、その仕組みについて具体例を交えて教えてください。

　「税効果会計」は、会計用語の中でもっともイメージしにくいものの1つだと思います。税効果会計を理解するためには、まず会計と税務の違いを理解することが必要です。

 会計と税務には差異がある

　会計基準に従って計算される**損益計算書**（☞11ページ）の利益と、法人税法に従って計算される**課税所得**[*1]は、それぞれの目的・ルールが異なるため同額にはなりません。

　＊1　課税所得：税額を計算する際の基礎となる税務上の利益

　例えば、現在係争中の訴訟案件について、敗訴する可能性が高く、かつその金額を合理的に見積れる場合、会計上は損害賠償による支出に備えて、訴訟損失引当金を計上します。訴訟損失引当金の計上は費用となり、会計上の利益はその分減少します。一方、訴訟損失引当金の計上は、通常損金[*2]としては認められません。

　＊2　損金：税務上、すなわち課税所得の計算上費用として認められる金額

このように、会計処理の結果、会計上の利益と課税所得の間に差異が生じることがあります。

「一時差異」が税効果会計の対象

会計上の利益と課税所得の間に存在する差異のうち、一定の条件が満たされるような状況の発生をきっかけに両者の差異が解消する可能性がある場合、その差異を「一時差異」といいます。

将来解消する可能性のある差異を一時差異とする一方で、将来も永遠に解消する可能性のない差異を「永久差異」といいます。例えば、税務上損金と認められない交際費の金額は将来においても損金となることはなく、発生時に費用として計上される会計上の金額との間に生じる差異は永遠に解消しないため永久差異となります。

再び一時差異に話を戻しましょう。

先ほどの訴訟損失引当金の例では、将来的に実際に敗訴に至って損害賠償義務が確定した時に、税務上も損金として認められ、その期の課税所得を減額することになります。つまり、訴訟損失引当金は一時差異であり、実際に敗訴になったタイミングで税務上も損金として認められ、会計と税務の差異が解消したことになります。

このような会計上の費用または収益と税務上の損金または益金の認識タイミングの違いを調整し、法人税等を控除する前の当期純利益（税引前当期純利益）と法人税等を合理的に対応させるために行われる会計処理が税効果会計です。

まだわかりにくいと思いますので、簡単な数値例を使ってみてみましょう。

ケース・スタディ

＜20X1年度＞

- 係争中の訴訟案件について1億円の訴訟損失引当金を計上した。
- 課税所得を計算する上で、訴訟損失引当金は損金にならない。
- 訴訟損失引当金は一時差異であるため繰延税金資産を計上した。
- 法人税等の税率は30％とする。

＜税効果会計適用前＞

20X1年度の損益計算書　（単位：百万円）

...		
特別損失		
訴訟損失引当金繰入額		100
税引前当期純利益	A	500
法人税等		180
税金費用合計	B	180
当期純利益		320
税負担率	B／A	36％

20X1年度の貸借対照表

繰延税金資産	－

法人税等の計算

税引前当期純利益	500
訴訟損失引当金否認（加算）	100
課税所得	600
法人税等（30％）	180

＜税効果会計適用後＞

（単位：百万円）

...		
特別損失		
訴訟損失引当金繰入額		100
税引前当期純利益	A	500
法人税等		180
法人税等調整額		**△30**
税金費用合計	B	150
当期純利益		350
税負担率	B／A	30％

繰延税金資産	30

　20X1年度に係争中の訴訟案件について1億円の訴訟損失引当金を計上しました。税務上は損金になりませんので、法人税等の額は、税引前当期純利益5億円に訴訟損失引当金の計上がなかったものとして1億円を加算して算出した課税所得6億円に税率30％を乗じた1億8,000万円となります。

税効果会計適用前では、税引前当期純利益5億円に対し、課税所得を基礎とした税金費用1億8,000万円が計上されるため税負担率は36％となり、税引前当期純利益と税金費用が期間的に対応しません。

これに対して、税効果会計適用後は、一時差異である訴訟損失引当金1億円について、税率30％を乗じた3,000万円を繰延税金資産（☞112ページ）（資産）および法人税等調整額△3,000万円（税金費用のマイナス）として計上します。これにより、税金費用の合計は1億5,000万円となります。税効果会計を適用した結果、税負担率は実際の税率と同じ30％となり、税引前当期純利益と税金費用が期間的に対応することになります。また、将来の法人税等の支払額を減額する効果を有する繰延税金資産が計上されることにより、将来の法人税等の支払額に対する影響が貸借対照表に表示されます。

＜20X2年度＞

- 敗訴の判決が下り、1億円の損害賠償義務が確定した。
- 課税所得を計算する上で、損害賠償義務の確定額1億円を損金に算入した。
- 訴訟損失引当金に係る一時差異は解消したため、繰延税金資産を取り崩した。
- 法人税等の税率は30％とする。

<税効果会計適用前>

20X2年度の損益計算書　（単位：百万円）

...		
税引前当期純利益	A	600
法人税等		150
税金費用合計	B	150
当期純利益		450
税負担率	B／A	25%

20X2年度の貸借対照表

繰延税金資産	－

法人税等の計算

税引前当期純利益	600
訴訟損失引当金認容（減算）	△100
課税所得	500
法人税等（30%）	150

<税効果会計適用後>

（単位：百万円）

...		
税引前当期純利益	A	600
法人税等		150
法人税等調整額		**30**
税金費用合計	B	180
当期純利益		420
税負担率	B／A	30%

繰延税金資産	－

　20X2年度に係争中の訴訟案件は敗訴となり、損害賠償義務が確定しました。会計上は20X1年度に既に訴訟損失引当金により費用計上済みですが、税務上は損害賠償義務が確定した20X2年度において初めて損金になります。そのため法人税等の額は、税引前当期純利益6億円から訴訟損失引当金の損金算入による1億円を減算して算出した課税所得5億円に税率30％を乗じた1億5,000万円となります。

　税効果会計適用前では、税引前当期純利益6億円に対し、課税所得を基礎とした税金費用1億5,000万円が計上されるため、税負担率は25％となり、税引前当期純利益と税金費用が期間的に対応しません。

　これに対して、税効果会計適用後は訴訟損失引当金による一時差異が解消しているため、同引当金に関して20X1年度に計上した繰延税金資産3,000万円を取崩し（資産の減額）、同時に法人税等調整額3,000万円（税金費用のプラス）を計上することにより、税金費用の合計は1億8,000万円となります。税効果会計を適用

> した結果、税負担率は実際の税率と同じ30％となり、税引前当期純利益と税金費用が期間的に対応することになります。

以上から、税効果会計を適用したことによって、20X1年度、20X2年度ともに税引前当期純利益と法人税等が実際の税率30％で合理的に対応する結果になることがわかります。

	会計上の利益	課税所得
目的	業績の測定	税額の計算
ルール	会計基準	法人税法
例）訴訟損失引当金計上時	費用となる。すなわち会計上の利益は減少する。	損金とならない。すなわち、課税所得は減少しない。
敗訴確定時（損害賠償義務の確定時）	ー	損金となる。すなわち、課税所得は減少する。

> 会計と税務で、計上時の取扱いに差がある。しかし、その差が費用（損金）となるタイミングのズレによるものである場合、いずれは解消する。⇒「一時差異」

一時差異の例

一時差異の例としては、ほかにも**固定資産の減損損失**（☞92ページ）、**棚卸資産**（☞41ページ）や**投資有価証券**（☞51ページ）の評価損などがあります。

また、税務上の繰越欠損金は将来課税所得が発生した場合に課税所得から控除することで、税額負担を減らす効果を持っています。このことから、繰越欠損金も一時差異と同様に繰延税金資産

の計上対象となります。

繰延税金負債

　税効果会計では、将来税額を減少させる効果を持つ一時差異（将来減算一時差異）に対して繰延税金資産を計上するだけではなく、将来税額を増加させる効果を持つ一時差異（将来加算一時差異）に対して繰延税金負債を計上します。

　将来加算一時差異については、課税所得が発生しないと見込まれる場合を除いて繰延税金負債を計上します。繰延税金負債を計上しないケースは限定的で、例えば、事業休止などにより会社が清算するまでに明らかに将来加算一時差異を上回る損失が発生し、課税所得が発生しないと見込まれる場合などが該当します。

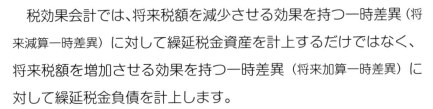

論点になるのは繰延税金資産

　繰延税金資産と繰延税金負債のうち、決算を行う際に論点に

なることが多いのは圧倒的に繰延税金資産です。

　将来減算一時差異について繰延税金資産を計上するのは、将来減算一時差異のうち、将来の税額軽減効果があると見込まれる部分についてのみとなります。税額軽減効果があるとして計上する繰延税金資産の金額を「繰延税金資産の回収可能額」といいますが、繰延税金資産の回収可能額は、将来の業績に対する経営者の**見積り**（☞157ページ）の結果に大きく影響されるため、会計上論点になりやすいからです。

　そこで、「キーワード18　繰延税金資産」では繰延税金資産についてもう少し詳しくみていくことにします。

キーワード18

繰延税金資産

取引先の会社が前期に多額の当期純損失を計上するに至った理由の1つに「繰延税金資産の取崩し」があると聞きました。実際に資金が出ていく性質のものではないということでしたが、繰延税金資産とはどのようなもので、その計上や取崩しはどのようなルールに基づいて行われるのでしょうか。

　税効果会計（☞104ページ）のもとでは、会計と税務の間に処理上の差異があり、その差異が将来解消する時に会社が負担する税額を軽減する効果が見込まれる場合、将来見込まれる税額軽減効果を「繰延税金資産」として計上します。

　キーワード17でも少し触れたように繰延税金資産を新たに計上したり、すでに計上している繰延税金資産を積み増したりするときには、**損益計算書**（☞11ページ）において「法人税等調整額」を利益にプラスする形で計上します。一方、一時差異が解消したり、一度計上した繰延税金資産であっても将来の税額軽減効果が見込まれないと判断したときには、その全部または一部を取り崩す必要があります。繰延税金資産を取り崩すときには、資産を減額するのと同時に、損益計算書で「法人税等調整額」を利益からマイナスする形で計上します。

繰延税金資産	資産	当期純利益
計上・積み増し	増加 ⬆	増加 ⬆
取崩し	減少 ⬇	減少 ⬇

すべての一時差異について繰延税金資産を計上できるわけではない

106ページの例でいえば、損害賠償義務が確定した時に「税額を軽減する効果がある」といえるためには、前提としてその年度に課税所得が発生していることが必要となります。

業績が悪く、課税所得がゼロ以下であれば、もともと法人税等は発生しませんので、損害賠償義務が損金となったとしても、それによって税額を減らす効果は生じないからです。

つまり、一時差異について繰延税金資産を計上するのは、将来的に税額を軽減する効果を持つ部分についてのみとなります。キーワード17で触れたとおり、将来的に税額を軽減する効果を持つものとして計上する繰延税金資産の額を「繰延税金資産の回収可能額」といいます。

繰延税金資産の回収可能額をどう見積もるか

繰延税金資産の回収可能額は、将来の税額軽減効果があるかどうか、つまり一時差異の解消時期と将来の業績を予測して見積もることになります。しかし、将来の業績を予測することは簡単ではありません。その上、何のルールもないままでは繰延税金資産の計上によって利益を操作することも可能になってしまいます。そこで会計基準では、会社を5つの会社区分に分類して、分類ご

とに繰延税金資産を計上できる範囲を定めています。会社の分類は、過去の業績（より正確には課税所得の発生状況）が税効果の対象となる将来減算一時差異を上回る水準で推移しているかなどの基準に基づいて判断することとされています。

　5つの分類を細かく紹介していると何ページあっても足りませんので、ごく簡単にみていくと、例えば、文句なしの好業績を続けている会社であれば、（分類1）の会社として、一時差異のすべてについて繰延税金資産の計上が可能であるとされています。

　一方で、目も当てられないような業績が続いている（分類5）の会社では、近い将来に課税所得が発生することを確実に予想することはできないため、繰延税金資産の計上は一切認めないということになっています。

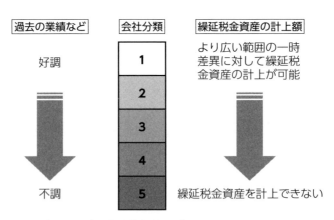

業績が悪いほど、会社分類は下がる。
会社分類が下がるほど、繰延税金資産を計上できる範囲は小さくなる。

column
業績の悪化に追い打ちをかける税効果会計

　業績が悪化しているタイミングでは、会社分類の見直しや、将来の課税所得の見込みについてより慎重な判断を行う必要が生じます。この結果、繰延税金資産の取崩しが発生しやすくなります。繰延税金資産の取崩しは当期純利益に直接影響しますので、ただでさえ悪化している業績に拍車をかけることになります。

　他方で、繰延税金資産の計上額には一定のルールがあるとはいえ、経営者による判断・見積り（☞157ページ）が大きく影響を与えることから、決算時の大きな検討事項になりがちです。

```
┌─────────────────────────┐
│        業績の悪化        │
└─────────────────────────┘
             ↓
┌─────────────────────────────────────────┐
│ ●繰延税金資産の回収可能額を判断するための│
│   「会社分類」の引き下げ                 │
│ ●将来の業績についてのより慎重な見積り    │
└─────────────────────────────────────────┘
             ↓
┌─────────────────────────┐
│    繰延税金資産の取崩し  │
└─────────────────────────┘
             ↓
┌─────────────────────────┐
│      更なる業績の悪化    │
└─────────────────────────┘
```

　過去に公表した業績予想を修正する上場会社の開示事例では、景気の低迷などによる売上高（☞30ページ）や営業利益の下方修正と同時に、**固定資産の減損損失**（☞92ページ）の計上や繰延税金資産の取崩しなど経営者の見積りによって最終利益を大きく引き下げる例がみられます。

　財務諸表（☞1ページ）は、すでに終了した年度の財政状態や経営成績を報告するためのものですが、そこには経営者による将来の予測を反映した会計処理が含まれているのです。

キーワード19

研究開発費

当社では近年研究開発に力を入れていますが、会計上、研究開発費は発生の都度、費用処理されると聞きました。将来に対する投資と位置付けて行っている研究開発活動が費用として処理されるのは、その目的にそぐわないように思うのですが、どのような考え方によっているのでしょうか。

研究開発とは

研究開発に関する会計処理は「研究開発費等に係る会計基準」によって定められています。そこでは、研究開発を「研究」と「開発」に分けて、おおむね次のように定義しています。

研究	新しい知識の発見を目的として計画的な調査や探求をすること
開発	新しい製品やサービス、既存製品の著しい改良のための計画や設計として、研究の成果を具体化すること

研究 → 開発 → 製品

新しい知識の発見を目的とした計画的な調査や探求

新製品や新サービス、既存製品の著しい改良のための計画や設計として、研究の成果を具体化

製薬業界のように、基礎的な研究を積み重ね、製品化するまでの過程はまさに、研究開発に当たります。

研究開発費は全額費用処理

研究開発のためにかかった人件費や原材料費、研究開発用の**固定資産**（☞67、78ページ）の減価償却費といったコストはすべて、発生した時に「研究開発費」として処理します。

研究開発は新製品を生み出し、将来会社に収益をもたらすことを期待して行われる活動ですので、将来の収益が獲得できるまでは資産として繰り延べておくべきと思われるかもしれません。しかし、研究開発を行っている段階では、研究開発が成功し、将来の収益を獲得できるかどうかは不確実な状態です。

そのような不確実なものを資産に計上しておくことは会計上適切ではないとの考えから、研究開発費は発生時にすべて費用として処理することとされています。

研究開発費の額は開示される

研究開発費の金額は、**財務諸表**（☞1ページ）に注記して開示しなければならないとされています。これによって投資家は、会社が将来への布石として研究開発にどれだけのコストを費やしているのかを同業他社との間で比較することが可能になります。

また、研究開発については、財務諸表の注記で金額を開示するだけではありません。**有価証券報告書**（☞199ページ）の前半部分に「研究開発活動」という箇所があり、そこからは会社がどのよ

うな領域でどのような内容の研究開発に取り組んでいるかを知ることができるようになっています。

下表は製薬業界に属する会社の有価証券報告書からわかる研究開発費の金額をまとめたものです。どの会社も研究開発費が**売上高**（☞30ページ）の2割前後に上り、営業利益を上回るか、それに近い水準にあることがわかります。

	A社	B社	C社
決算期	2016年3月期	2016年3月期	2016年3月期
売上高	1兆8,073億円	1兆3,727億円	9,864億円
営業利益	1,308億円	2,489億円	1,304億円
研究開発費	3,459億円	2,257億円	2,086億円

＊いずれの会社もIFRS（国際財務報告基準）を適用している。

キーワード20

リース会計

当社では現在、ある設備投資を行うにあたり、リース取引の利用を検討しています。ところが、銀行から借金をして自社で設備を購入する場合と、リースによる場合とで会計上の取扱いにどのような違いが生じるのかがわからず困っています。そこで、リース取引の会計処理について簡単に教えてください。

会社は、パソコンや社用車といった事業で使用するモノを自社で購入するのではなく、リース会社から借りることがしばしばあります。リース取引は、リース会計基準により、リース物件の借手・貸手の双方について、それぞれ会計処理の方法が定められています。

通常、リース会社を除く一般の事業会社はリース物件の借手に当たりますので、ここでは借手側の会計処理に限定して説明します。

  リース取引の実態は借金をしてモノを買うのと同じ？

会社がリースを利用する一番の理由は、自社で購入すれば一括で購入代金を支払わなければならないところ、リースによれば、毎月のリース料として分割で支払うことができ、資金繰りが楽になるという点があります。その代わり、毎月のリース料には、分割払をすることに伴って発生する利息相当額が上乗せされています。

ここで、リース契約が次のような条件だったとします。

- リース期間は、モノを自社で購入した場合に使える耐用年数と同じ期間である。
- リース期間の途中で解約すると多額の違約金が発生し、実質的に中途解約ができない。
- リース料は、毎月の支払で、しかも、リース料の中には利息相当額が含まれている。

このリース取引の経済的な実態は、銀行から借金をしてモノを購入し、そのモノを耐用年数にわたって使用するとともに、借入金は利息を付して毎月返済するという取引と同じであることがわかります。

リース取引の2つの分類

そこで、リース会計基準では、リース取引を経済的な実態に応じて「ファイナンス・リース取引」と「オペレーティング・リース取引」の2つに分類し、それぞれについて会計処理を定めています。

❶ファイナンス・リース取引

1 定義

ファイナンス・リースとは、次の2つの要件をともに満たすリース取引をいいます。

- ノンキャンセラブル
  　リース契約を途中で解約することができないリース取引（形式的には解約可能でも、相当の違約金によって実質的に解約不能なリース取引も含む）
- フルペイアウト
  　リース物件からもたらされる経済的な利益と使用に伴うコストを、借手が実質的に享受し、負担することになるリース取引

　会計基準では、この要件を満たすかどうかについて、以下のような数値による判定基準も設けています。

| A | 解約不能なリース期間中のリース料総額（現在価値） ≧ 見積り現金購入価額の90% |
| B | 解約不能なリース期間 ≧ 経済的耐用年数の75% |

A、Bのいずれかを満たす場合、ファイナンス・リース取引

2 会計処理

　ファイナンス・リース取引は、実質的に借金をして自社でモノを購入したのと同じであることから、売買取引に準じた会計処理を行います。すなわち、リースで借りたモノは資産に計上して減価償却を行うとともに、将来にわたって分割で支払うリース料の総額をリース債務として負債に計上して返済に応じて取り崩して

いく処理をします。その上で、毎月リース料として支払う金額は、原則としてリース債務の元本返済部分と利息部分に区分して処理します。

　さらに厳密に言えば、ファイナンス・リース取引の中には、リース物件の所有権が借手に移転するものと移転しないものとがあり、それぞれで細かい会計処理は異なります。しかし、所有権が移転するかどうかにかかわらず、ファイナンス・リース取引では資産と負債が計上されるという点がポイントであり、次のオペレーティング・リース取引と大きく異なる点です。

❷オペレーティング・リース取引

1 定義

　ファイナンス・リース取引以外のリース取引全般をオペレーティング・リース取引といいます。

2 会計処理

　オペレーティング・リース取引は、リース料を支払う都度、支払額を費用として計上します。オフィスを借りているときの毎月の家賃の支払と同じようなシンプルな会計処理で、一般的なレンタルのイメージに近いものです。

　オペレーティング・リースはファイナンス・リースとは異なり、リース契約時に資産や負債が計上されることはなく、また、リース料に含まれる利息相当額も特別に区分した処理は行いません。

＜リース取引の区分と会計処理＞

リース取引の分類	ファイナンス・リース	オペレーティング・リース
	=	=
経済的な実態	借金をして、モノを買ったのと実質的に同じ	家賃の支払と同じように、モノを借りているだけ
	↓	↓
会計処理の概要	＜売買取引に準じた処理＞ リース契約時に、リース資産とリース債務をそれぞれ計上 ・リース資産⇒減価償却 ・リース債務⇒返済に応じて取崩し	＜賃貸借取引に準じた処理＞ リース料の支払の都度、費用計上（リース資産とリース債務の計上はなし）

column
注記事項からわかるオフバランスのリース債務

　航空会社が航空機を賃借するといったケースのように、業態によってはオペレーティング・リース取引が広く利用されています。

　オペレーティング・リース取引のうち、途中でリース契約を解約することができないものについては、会社が将来にわたってそのリース料を支払わなければならない潜在的な債務を負っていることになります。しかし、オペレーティング・リース取引は、会計上、毎月のリース料を費用として処理するだけで、リース契約に係る資産や負債が**貸借対照表**（☞4ページ）に計上されることはありません（オフバランス処理）。

　そこで、オペレーティング・リース取引のうち解約不能な契約については、将来的に支払わなければならないリース料を「オペレーティング・リース取引のうち解約不能なものに係る未経過リース料」（以下「未経過リース料」といいます）として注記により開示することが求

められています。

業種	決算期	オペレーティング・リース取引のうち解約不能なものに係る未経過リース料	連結貸借対照表に計上された負債合計額
ドラッグストア	2016年5月期	447億円	1,382億円
航空運送	2016年3月期	969億円	7,083億円
海運	2016年3月期	3,461億円	1兆4,005億円

　上の表は、注記事項に記載されている未経過リース料が数百億円から数千億円に上る会社の一例です。いずれの会社も連結貸借対照表に計上されている負債の金額と比較して、オフバランス処理されている未経過リース料が相当な金額に上っていることがわかります。このような会社の財政状態を理解するためには、貸借対照表に計上されている負債だけでなく、オフバランス処理されているこれらの金額も考慮する必要があります。

キーワード21

退職給付会計

近年、従業員に対する退職金の積立不足が会社の財政状態を圧迫しているという話をよく耳にします。当社も古い会社であるため充実した退職金制度を持っていますが、会計上はどのように処理されているのでしょうか。

退職給付の会計は、個別**財務諸表**（☞1ページ）と連結財務諸表で処理に相違があります。ここでは、連結財務諸表における退職給付会計を前提として解説します。

 ## 会社の負担額が変動する確定給付制度

会社の退職金制度は、大きく「確定拠出制度」と「確定給付制度」の2つに分類することができます。

このうち、確定拠出制度は、会社が将来の退職金支払のために一定の掛金を外部に積み立て、その掛金以外に追加的な負担が生じない制度をいいます。文字どおり会社の拠出額が確定している制度です。

一方、確定給付制度は、従業員に対する退職金の支払額やその算定方法が確定していて、実際に退職金を支給するまでの年金資産の運用状況などによっては、会社に追加的な負担が生じる制度です。すなわち、一定の前提のもとで十分と予測して拠出していた掛金が、想定どおりの利回りで運用できない場合などに、将来

の退職金支払に不足が生じ、追加で掛金の拠出が必要になる制度です。

確定拠出制度と確定給付制度では会計処理も大きく異なります。

	確定拠出制度	確定給付制度
制度の概要	会社からの拠出額が確定 ⇒会社に掛金以上の追加的負担は生じない	従業員への給付額が確定 ⇒年金資産の運用の成否などによって会社に追加的負担が生じる可能性がある
会計処理の概要	掛金の支払の都度、費用を計上（負債は計上されない）	勤務期間を通じて毎期費用を計上するとともに、負債を計上

確定拠出制度は、拠出金を支払う都度、退職給付費用を計上するだけのシンプルな会計処理です。一方、確定給付制度は少し複雑な会計処理を必要とします。退職金の支給は退職後に行われるものの、その性格は労働の対価として支払われる賃金の後払いであるとの考え方から、将来の退職金の支払見込額のうち当期の負担に属する金額を算定し、費用として計上するとともに負債を計上する会計処理を行います。

＜確定給付制度の会計処理のイメージ＞

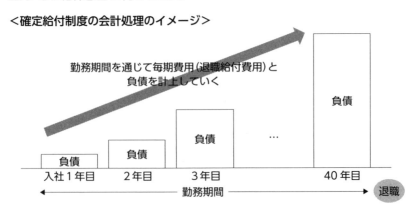

会社の退職金の積立不足で話題になるのは確定給付制度であるため、以下では確定給付制度についての会計処理をみていきます。

 ## 退職給付に係る負債

確定給付制度の会計処理では、退職給付債務が年金資産を上回る場合に、その差額を「退職給付に係る負債」として**連結貸借対照表**（☞4ページ）の固定負債に計上します。

「退職給付に係る負債」として連結貸借対照表に計上

| 差額 100億円 |
| 年金資産 400億円 | 退職給付債務 500億円 |

一方、年金資産が退職給付債務を上回る場合には、その差額を「退職給付に係る資産」として連結貸借対照表の固定資産に計上します。

| 年金資産 500億円 | 差額 100億円 | 「退職給付に係る資産」として連結貸借対照表に計上 |
| | 退職給付債務 400億円 | |

❶退職給付債務

　退職給付債務は、従業員が将来退職したときに見込まれる退職金の総額（退職給付見込額）のうち、決算期末日までの間に発生していると認められる額を現在価値に割引いて計算します。

　退職給付債務の計算には、退職率や死亡率などの基礎数値をもとに複雑な年金数理計算を必要とするため、通常は、会社が自社の退職金規程や従業員ごとの給与などの基礎データを外部の専門会社に提供し、計算を委託しています。そのため、信頼できる計算委託先であることと、会社が提供する基礎データが漏れなく適切なものであることが退職給付債務を正しく計算する上で重要となります。

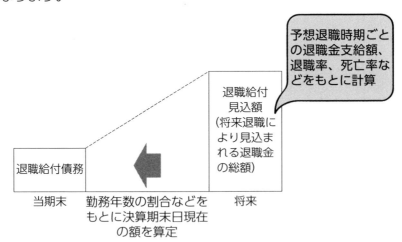

❷年金資産

　会社の退職給付制度のために積み立てられた特定の資産で、退

職金の支給以外には使用できないこと、会社や会社の債権者から法的に分離されていることなどの要件を満たしたものを年金資産といいます。

年金資産は、債券や株式などで運用されており、退職給付の会計処理を行うに当たって、決算ごとに期末日現在の時価で評価します。

 ## 数理計算上の差異

退職給付会計には、財務諸表に重要な影響を与える次のような基礎数値が存在します。

❶年金資産の期待運用収益率

年金資産の評価には、期末日現在の時価を用いますが、期中においては一定の利回り(期待運用収益率)で年金資産を運用することを前提に退職給付費用の計算を行っています。このため、期末には期待運用収益と実際の運用収益との間に差額が生じます。

❷退職給付債務の計算に用いる割引率

退職給付債務を計算する際に、将来の退職金の支払見込額を現在の価値に割り引く計算を行いますが、その際に使用する割引率は原則として毎期見直しを行います。割引率は期末現在の国債の利回りなどを用いるため、毎期変動します。

国債の利回りというと、低い金利の中での小さな変動にすぎないと思われますが、会社によっては退職給付の見込額が莫大な金

額に上るため、少しの割引率の変動が退職給付債務の金額に大きな影響を与えます。

このような、年金資産の期待運用収益と実際の運用収益との差異や、退職給付債務の数理計算に用いた見積数値と実績の差異および見積数値の変更などにより発生した差異を「数理計算上の差異」といいます。

数理計算上の差異は、発生の都度、退職給付に係る負債（または資産）に含めて連結貸借対照表に計上されますが、その発生額の費用処理は少し複雑です。

数理計算上の差異は、発生時に一旦、「退職給付に係る調整額」として連結貸借対照表の純資産の部に計上した上で、差異が発生した期から予想退職時期までの期間（平均残存期間）以内の一定の年数で按分した額を連結損益計算書における損益として毎期計上する処理を行います。

すこし難しいですが、数理計算上の差異は、発生時に退職給付に係る負債（または資産）に含めて計上され、同時に連結貸借対照表の純資産を増減させるものの、連結損益計算書での損益計上は一定の年数に分けて行われると理解すればよいでしょう。

 **過去勤務債務**

退職金規程の改訂によって退職給付債務が改訂前より増減した場合に、その増減額を過去勤務債務といいます。過去勤務債務についても数理計算上の差異と同様に、発生時に連結貸借対照表に計上されるものの、連結損益計算書での損益計上は一定の年数に

分けて行われます。

　数理計算上の差異や過去勤務債務を発生時に連結貸借対照表に計上する会計処理は、数年前の会計基準の改正によって導入されたものです。詳しくは次のコラムをご覧ください。

column
「数理計算上の差異等」のオンバランス

　従業員に対する退職金の会計処理は、「退職給付に関する会計基準」によって定められています。退職給付は金額が多額に上り、会社の財政状態に大きな影響を与える会計処理であるため、国際的な会計基準との統一を図る観点から幾度にもわたり改正が行われてきました。

　2012年に公表された改正基準では、連結財務諸表において、数理計算上の差異と過去勤務債務（数理計算上の差異等）を退職給付に係る負債（または資産）に含めて計上する、すなわちオンバランスすることとされました。

　それまでの会計基準では、数理計算上の差異等は、発生時には連結貸借対照表に計上せず、一定の年数で費用化する都度、退職給付に係る負債に加算していくという会計処理でした。このため、数理計算上の差異のうち、費用化されていない部分は連結貸借対照表の負債の額に含めない、すなわち、オフバランスされていました。

　先に解説したとおり、会社によっては割引率のわずかな差でも数理計算上の差異が多額に発生するため、この改正によって数百億円単位で負債が増加し、また、純資産が減少するなどの影響が出て、当時は話題となりました。

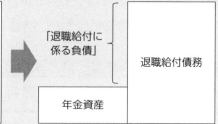

<会計基準改正による影響のイメージ図>

改正前 → 改正後(現在)

改正前:
- 「退職給付に係る負債」
- 過去勤務債務＊
- 数理計算上の差異＊
- 年金資産
- 退職給付債務

＊上図の数理計算上の差異、過去勤務債務は発生額のうち損益として処理されていない部分(未認識部分)のみ

改正後(現在):
- 「退職給付に係る負債」
- 年金資産
- 退職給付債務

＊上図では税効果会計の影響を省略している。

キーワード22

ストック・オプション

他社で多く導入されているストック・オプションを当社でも検討しています。しかし、ストック・オプションを無償で従業員に付与した場合、一定期間にわたって費用が計上されると聞いて驚いています。ストック・オプションを発行した場合の一連の会計処理について簡単に教えてください。

　会社が役員や従業員に対して付与する「自社の株式を一定の価格で取得する権利」のことを「ストック・オプション」といいます。また、ストック・オプションを行使する際に、株式の取得代金として支払う価格は行使価格と呼ばれます。

　行使価格が市場の株価よりも低い場合、ストック・オプションの権利を行使した人は、株価と行使価格の差額分だけ利益を得ることができます。その仕組みは次のとおりです。

　行使価格はストック・オプションを付与した時点であらかじめ決められています。その後、会社の業績が伸び、それに伴って株価が上昇していくと、株価が行使価格を大きく上回ることになります。その結果、ストック・オプションを保有する人はより多くの利益を得ることができるようになるのです。

　そのため、ストック・オプションは、役員や従業員が自社の業績に、より貢献しようという意欲を高めるための手段として利用されます。また、現在は資金に余裕がないものの、将来的には大

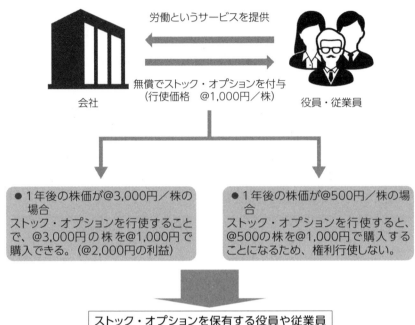

きな成長が期待される新興企業などでは、現金で多額の報酬を支払う代わりにストック・オプションを活用することで、優秀な人材を確保することも可能になります。このように役員や従業員に対する報酬としての意味合いで付与されるストック・オプションは、多くの場合は無償で発行されます。

ストック・オプションを無償で発行した場合の会計処理

かつてはストック・オプションを無償で発行した場合、特に会計処理は行われませんでした。しかし、ストック・オプションは、役員や従業員が会社に対して「労働というサービス」を提供し、

会社はその対価を金銭ではなく、将来株式を有利な価格で取得できる権利を付与することによって支払っていると考えられます。このことから、2005年に導入された「ストック・オプション等に関する会計基準」により、費用を計上する会計処理が必要となりました。

無償でストック・オプションを付与した場合、具体的には次のような会計処理が行われます。

❶ストック・オプションを付与したとき

ストック・オプションを付与した場合、まずそのストック・オプションの公正価値を評価します。ストック・オプションの公正価値は、行使価格や権利行使期間終了までの期間、その会社の過去の株価の変動性（ボラティリティ）といった基礎数値に基づいて、ブラック・ショールズ式*などの算定技法を用いて計算されます。

公正価値の評価には複雑な計算を必要とするため、外部の専門会社に委託するケースが多くみられます。

* ブラック・ショールズ式：ストック・オプションなどの価額を算出するための計算式の一種

❷付与時から権利が確定するまで

ストック・オプションを付与したあと、その公正価値を付与日から権利確定日までの期間にわたり費用として計上していきます。例えば、公正価値が100であり、権利確定日までの期間が2年であれば、1年ごとに50ずつ費用として計上していきます。

そして、費用を計上するのと同時に、**貸借対照表**（☞4ページ）の純資産の部に「新株予約権」を計上します。

❸権利行使時または権利行使しないまま行使期間が終了したとき

純資産の部に計上された「新株予約権」は、最終的にストック・オプションが権利行使された場合には、資本金・資本準備金に振り替えられます。一方、株価が行使価格を上回ることがなかったなどの理由で、権利行使されないまま権利行使期間を過ぎた場合には、**損益計算書**（☞11ページ）の特別利益に振り替えられます。

column
有償ストック・オプション

　従来、ストック・オプションといえば、役員や従業員に対する報酬としての意味合いから無償で付与されてきました。しかし、近年は有償で発行されるケースも多くみられます。

　有償の場合、役員や従業員は、ストック・オプションの付与を受けるために、その公正価値に見合う金額を会社に対して支払います。将来、株式を市場価格より安い価格で買えるかもしれない権利を会社から購入する取引です。

　有償となれば、ストック・オプションの取得者が会社の業績向上と、それに伴いもたらされる株価の上昇に、より貢献する意欲を引き出しやすくなることが期待されます。また、公正価値で発行される有償ストック・オプションでは、会計処理上、無償のストック・オプションのように費用を計上する必要がないという点も、近年導入が進んでいる要因の1つと考えられます。

　ただし、有償ストック・オプションの会計処理については、会計基準を策定する企業会計基準委員会（ASBJ）において、現在検討が進められており、将来的には無償のストック・オプションと同様に費用計上が必要とされる可能性もあります。

キーワード23

自己株式

当社では株主に対する還元策として自己株式の取得を検討しています。そこで、自己株式の会計上の取扱いについて、教えてください。

　会社が保有する自社の株式を自己株式といいます。会社が自己株式を金庫にしまっておくという意味から、「金庫株」と称されることもあります。

　自己株式の取得は資本の払戻し　

　会社が他社の発行する株式を取得した場合、その株式は換金価値のある**有価証券**（☞51ページ）ですので「資産」として会計処理します。

　一方、自己株式の取得は、会社が株主から株式を買い取る取引であり、株主より出資を受けた会社財産（資本）を株主に対して払い戻す性質の取引であると考えられています。そのため、同じ株式であっても、自己株式は資産ではなく資本のマイナスとして会計処理します。

　古くは、自己株式を資産に計上する会計処理が行われていたこともありますが、現在の会計基準では、上記のとおり資本のマイナスで処理することとなっています。

貸借対照表（☞4ページ）

資産		負債	
…	…	…	…
…	…	…	…
		負債合計	…
		純資産	
		株主資本	
		資本金	1,000
		資本剰余金	1,000
		利益剰余金	700
		自己株式	△100
		株主資本合計	2,600
		評価・換算差額等	…
		新株予約権	…
		純資産合計	…
資産合計	…	負債・純資産合計	…

←株主資本のマイナス項目として処理する

自己株式は取得原価で計上

　自己株式は取得した時の価額（取得原価）で計上します。取得したときに発生する付随費用は、自己株式の計上額には含めず、**損益計算書**（☞11ページ）の営業外費用として処理します。

　自己株式は保有している限り、取得原価で貸借対照表に計上し、たとえその会社の株式が上場していて取引所の時価が存在していても、決算ごとに時価評価する会計処理は行いません。

column
自己株式の取得は配当と同じ

　手元に潤沢な資金を持ちながら、成熟した業界に属しているためその資金を振り向けるべき事業上の投資先がないといった場合、自己株式の取得が行われることがあります。これには、使い道のない資金を寝かせておくのではなく、株主に出資を払い戻して資本を最適化するという目的があります。

　株主への資金の配分という点で、自己株式の取得は、配当と並ぶ株主還元策の一つとされています。最近では、豊富な資金を持つ会社に対して、ファンドなどの株主から自己株式の取得により株主への還元を強化すべきといった提案もあるようです。

　ただし、自己株式の取得は資本の払戻であるため、株主以外の会社に対する債権者の利益を害してまで、自己株式の取得が行われないようにする必要があります。

　このため、配当と同様に、自己株式の取得についても会社法によって一定の計算式による取得の上限額が設定されています。この上限額を超えて自己株式を取得した場合には、会社に対する取締役の弁済義務など重い責任が課せられることになっています。

キーワード24

外貨建取引

当社では今後海外との取引を増やしていくつもりです。しかし、為替相場が変動すると「円高でXX億円減益」といった他社のニュースをよく目にするので、不安も感じています。外貨建てで行った取引はどのように会計処理されるのでしょうか。

 外貨建取引は取引発生時のレートで円換算

商品を海外向けにドル建てで販売した場合、ドル建ての**売上高**（☞30ページ）は取引発生時の為替レートで円貨に換算され、**損益計算書**（☞11ページ）に表示されます。したがって、為替相場が円高に動くと、ドル建ての販売価額は変わらなくとも、円貨で表示される損益計算書の売上高は減少します。一方、海外からドル建てで輸入し、国内で販売しているような会社では、為替相場が円高に動くと円貨の仕入金額は減少します。

なお、「発生時」のレートといっても、刻々と変動する為替レートをその都度適用して計算することは実務上煩雑であることから、会計基準においては前月の平均レートなどを用いることも認められています。

質問にもあるように、為替レートが大きく変動したときに「A社は、1円円高になるとXX億円の減益要因」といった報道を目にします。これは、輸出企業などでは年度の初めに業績予想を開

示する際、あらかじめ想定した為替レートを用いて予想を立てているため、実際の為替レートが想定よりも不利な方に変動した場合に、その影響額として報じられるものです。

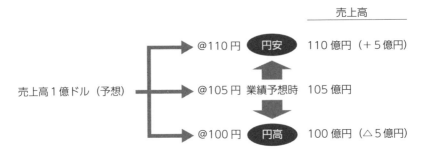

　なお、自社で直接発生する外貨建取引ではなく、海外にある子会社が海外で取引をしている場合には、その子会社の外貨建ての損益計算書を期中平均レートで円貨に換算して**連結財務諸表**（☞1、144ページ）を作成します。したがって、利益の出ている子会社であれば、円高傾向にあるときには利益の円換算額が目減りし、連結業績はその分悪化することになります。

外貨建ての資産・負債は期末時のレートで換算替え

　外貨建取引は、ここまでで説明したとおり取引発生時のレートで換算し、売上高や仕入高といった損益はその円貨額のまま損益計算書に表示されます。

　一方、販売時に売上高と同時に計上される「売掛金」や仕入時の「買掛金」については、取引時には売上や仕入と同様に発生時のレートで換算します。しかし、期末に未決済のまま残高が残った場合には、期末の為替レートで換算替えを行います。

このとき、換算替えをする前の金額と換算替え後の金額の間で生じる差額は、為替差損益（為替換算差額）として損益計算書上、営業外損益に計上されます。

　また、外貨建ての資産・負債は、実際に決済されるときに、決済直前の帳簿上の円貨額と決済時に実際に入出金される円貨額との間でも差が生じます。こちらも為替差損益（為替決済差額）として、同様に営業外損益に計上されます。

　話は脱線しますが、誰でも知っている有名なゲーム機の会社は世界中で商品を販売し、外貨建ての資産、特に外貨建ての預金を大量に保有しています。そのため、為替相場の変動により、毎期為替差損益が多額に発生し、年度によっては営業利益をはるかに上回る金額の為替差損益が発生しています。

キーワード25

連結決算

当社では連結決算を行っています。連結決算によると、子会社も含めたグループ全体の業績がわかるそうですが、具体的にどのような計算によって子会社の業績が反映されているのか教えてください。

　「連結決算」とは、親会社の単独ではなく、子会社も合算して、親子会社であたかも1つの会社であるかのように**財務諸表**（☞1ページ）を作成することをいいます。連結決算を行うことで、子会社を含めた企業集団全体としての経営成績や財政状態を表すことができるようになります。

　連結決算により作成する財務諸表を連結財務諸表といいます。現在、財務諸表は連結ベースでの開示がメインとなっており、一方で親会社単体ベースによる情報開示はより簡素化が進んでいます。そのため、子会社を有する上場会社の業績がニュースなどで報道されるとき、通常は連結ベースの数字が用いられていると考えてよいでしょう。

子会社とは

　上場会社の多くは、自社の傘下にある子会社を含めて、連結決算を行っています。この関係性は、ある会社（A社）が他の会社（B社）を「支配」しているときに、A社を親会社、B社を子会社と

呼ぶものです。「支配」というと少し重たい響きですが、一般的には、Ａ社がＢ社の株式の50％超を保有している場合に、Ａ社はＢ社を支配していることになります。

株式の保有割合が50％以下でも、その他の状況を踏まえ、実質的な支配関係にあるとして子会社に該当するケースもあります。

連結決算のイメージ

連結決算では、親子会社それぞれの財務諸表を合算した上で、親子会社間での取引はなかったものとする会計処理を行います。以下では、連結決算についてごく簡単なケースをみてみましょう。

> **ケース・スタディ**
>
> - Ａ社は、子会社Ｂ社の株式を100％保有している。
> - Ａ社はＢ社の製造する製品をＢ社から120万円で仕入れ、顧客に150万円で販売している。また、Ｂ社における製品の製造原価は100万円である。
> - Ｂ社は製造した製品をすべてＡ社に販売している。
>
>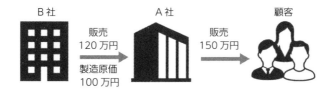
>
> シンプルにするため、１年間の取引は上記の取引のみであったとします。
>
> この場合、Ａ社、Ｂ社それぞれの**損益計算書**（☞11ページ）は以下のとおりとなります。

<連結前の損益計算書のイメージ> (単位:万円)

	親会社A社	子会社B社
売上高	150	120
売上原価	120	100
利益	30	20

　A社がB社を連結しないA社単独での決算では、上記のとおり売上高は150万円、利益は30万円となります。しかし、販売した製品の製造は子会社であるB社が行っているため、B社を含めたA社グループ全体としての損益を表すために連結決算を行います。

<連結後の損益計算書のイメージ> (単位:万円)

	A社	B社	単純合算	連結消去	連結
売上高	150	120	270	△120	150
売上原価	120	100	220	△120	100
利益	30	20	50	ー	50

　連結決算では、まず親子会社それぞれの財務諸表を合算します。その上で、親子会社間で行われた連結グループ内での取引をなかったものとするため、該当する額を消去します。

　結果、A社連結ベースでの損益は、売上高はA社の外部顧客に対する売上高150万円、売上原価は製造を担う子会社B社での製造原価100万円のみとなります。そして、連結ベースでの利益は50万円となり、販売を担うA社単独での利益30万円と、製造を担うB社単独での利益20万円の合計と同じ結果となります。

　実際の連結決算では、A社がB社から仕入れた製品が決算日現在では販売されずにA社に在庫として残っている場合に連結ベースでは実現していない利益を消去するなど、上記以外にも連結上

の会計処理が必要となるため、この例ほど単純ではありません。しかし、連結決算の基本的な考え方はご理解頂けたかと思います。

> **column**
> ### 子会社を利用した利益操作は連結決算のもとでは無力
>
> 　親会社X社は、不況により本業の業績が芳しくなく、このままでは多額の当期純損失を計上することとなるために、経営者の進退に影響が及ぶことは避けられない事態となりました。そこで、X社の経営者は、自己の保身のために遊休状態にあった不動産を子会社Y社に時価を大幅に上回る価格で買い取らせ、X社単独の損益計算書において多額の固定資産（☞67、78ページ）売却益を計上することで、当期純損失となることを回避しました。
>
> 　このケースでは、（時価を大幅に上回る価格で子会社に買い取らせたことの是非はひとまず置いておいて……）X社単独の損益計算書では当期純利益を計上できたとしても、Y社も含めた連結損益計算書では親子会社間の取引はなかったものとされるため、X社の計上した固定資産売却益は消去されてゼロとなります。つまり、子会社を利用して無理に計上した利益は、連結決算のもとでは意味をなさないものとなるわけです。
>
> 　ただし、ここで1つポイントがあります。それは、「連結の範囲」という問題です。連結決算で消去される取引は、連結グループの中にある会社、すなわち連結の範囲に含まれる会社同士の取引のみです。したがって、形式的な持株比率だけでなく、経営者との関係性なども含めて実質的に支配している会社を漏れなく連結の範囲に含めることが重要になります。

キーワード26

持 分 法

関連会社の業績を自社の連結財務諸表に反映するために「持分法」という会計処理が行われているようです。持分法とはどのような会計処理で、また、「連結決算」とは何が異なるのでしょうか。

会社が関連会社を持っているときに、その関連会社の利益や純資産の変動のうち、持分に応じた額を自社の連結**財務諸表**（☞1ページ）に取り込む会計処理を「持分法」といいます。ここでいう関連会社とは、子会社以外の会社で、財務や営業、事業の方針決定について重要な影響を与えることができる会社をいいます。

典型的なケースとしては、Ａ社がＢ社の発行済み株式の20％以上50％以下を保有している場合に、Ｂ社はＡ社の関連会社となります（50％超を保有している場合には子会社となります）。

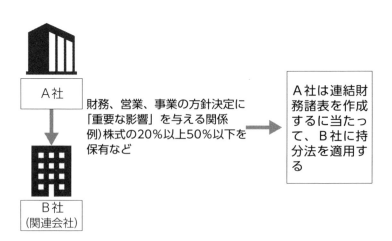

具体的な持分法の会計処理について、簡単な例でみてみましょう。

> **ケース・スタディ**
>
> ● A社（3月決算）は、B社（3月決算）の株式の40％を20X1年4月1日に他社より20億円で取得して、B社を関連会社とした。
> ● 20X2年3月末のB社の決算では、当期純利益5億円が計上されている。
>
> A社は20X2年3月期の連結財務諸表の作成に当たって、関連会社であるB社について持分法を適用します。B社の当期純利益5億円のうち、A社の持分40％に相当する金額は2億円（5億円×40％）です。
>
> 持分法では、連結財務諸表上、この2億円をA社の保有するB社株式の取得原価20億円に加えると同時に、営業外収益に「持分法による投資利益」として計上します。
>
>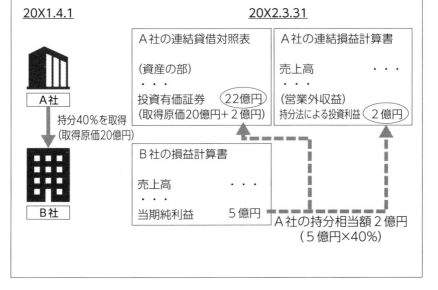

持分法は「1行連結」

　キーワード25でみた「**連結決算**」（☞144ページ）と持分法は、グループ会社の業績を自社の連結財務諸表に取り込むという点では同じですが、その取り込み方に大きな違いがあります。

　連結決算では、連結子会社の財務諸表を現金預金や棚卸資産、売上高などすべての勘定科目ごとに一旦合算します。その上で、親会社以外の少数株主が所有する持分に相当する資本や利益を別の勘定科目で表示することによって連結財務諸表を作成します。

　したがって、例えば**売上高**（☞30ページ）であれば、連結財務諸表には、親会社と連結子会社の売上高（連結グループ内の取引は除きます）が合算されて表示されます。

　一方、持分法では、持分法適用会社の当期純損益や純資産の変動のうち、持分に相当する額だけを投資**有価証券**（☞51ページ）の額の修正、および「持分法による投資損益」という勘定科目に集約して取り込みます。

　したがって、持分法適用会社の売上高は連結財務諸表には合算されず、連結**損益計算書**（☞11ページ）には、持分法適用会社で計上した利益のうち持分相当額だけが、「持分法による投資利益」として計上されます。

　連結決算も持分法も、最終的には子会社や関連会社の持分相当額の利益を連結財務諸表に取り込む点は同じです。しかし、連結決算がすべての勘定科目ごとに合算した上で、親会社以外の持分（非支配持分）を別途区分する「全部連結」であるのに対して、持

分法は特定の勘定科目に集約して取り込むことから「1行連結」と言われることもあります。

持分法による投資利益は営業利益に反映されない

　上述のとおり連結決算も持分法も、グループ会社の業績を自社に取り込む点では同じですが、1行連結である持分法では「持分法による投資損益」（以下「持分法投資損益」といいます）という科目で関連会社の業績を取り込みます。持分法投資損益は営業外損益に属する科目であるため、一般に本業からの利益といわれる営業利益には反映されません。

　下記は、ある化学メーカーの連結業績です。

	2015年3月期	2016年3月期
売上高	5,200億円	5,900億円
営業利益	140億円	340億円
経常利益	420億円	450億円
（うち持分法投資利益）	270億円	160億円

　この会社では、海外を中心に持分法適用会社を複数有しており、毎期多額の持分法投資利益が計上されています。2015年3月期には、営業利益の2倍近い持分法投資利益によって、会社の経常利益に大きく貢献していることがわかります。一方、2016年3月期には営業利益では前年比＋200億円と大幅な増益であるにもかかわらず、持分法投資利益は110億円減少しているため、経常利益では30億円の増益にとどまっています。

　この会社のように、業種・業態によっては営業利益だけでな

く、持分法による会計処理を反映した後の経常利益まで確認しないと、その会社の本当の実力を見誤ってしまいます。

持分法の適用は連結財務諸表を作成している会社だけ

　持分法は連結財務諸表を作成している会社が適用する会計処理であるため、連結子会社がない会社が関連会社に持分法だけを適用して財務諸表を作成することはありません。ただし、子会社がないなどの理由で連結財務諸表を作成していない会社が、重要な関連会社を持っている場合には、持分法を適用した場合の影響額を個別の財務諸表に注記事項として記載します。

　一方、連結財務諸表を作成している会社であっても、関連会社に重要性がない場合には、持分法を適用しないこともあります。

キーワード27

会計方針

他社の業績について、前年度と比較して増益となった要因に「会計方針を変更したことによる影響が XX 億円含まれている」との説明を目にしました。会計方針を自由に変更することができるとすれば利益操作も簡単にできてしまうと思うのですが、会計上どのようなルールになっているのでしょうか。

1つの取引や事象に対して、どのように会計処理を行うかについて、会計基準によって複数の選択肢が認められている場合があります。複数の認められた会計処理の方法から会社が採用したものを「会計方針」といいます。

 会計方針は会社が自ら選択する

例えば、工場で使う機械を購入した場合、機械の取得に要した支出を一旦資産に計上して、耐用年数にわたって費用として配分する「減価償却」という会計処理があります。この減価償却の方法には、定額法や定率法などいくつかの選択肢があり、会社は自らの判断でいずれかを選択して適用することができます。

ケース・スタディ

機械を10億円で取得したとします。耐用年数は10年であり、10年後の残存価額はゼロとします。

このとき、定額法と定率法とでは、10年間にわたり計上される減価償却費の合計額は10億円で同じですが、毎期の減価償却費の額は次のように異なります。

	定額法	定率法*
1年目	1.0億円	2.0億円
2年目	1.0億円	1.6億円
3年目	1.0億円	1.2億円
4年目	1.0億円	1.0億円
5年目	1.0億円	0.8億円
6年目	1.0億円	0.6億円
…	…	…
10年間の合計	10億円	10億円

＊　定率法の計算には、税法によるいわゆる200％定率法を用いています。

　定額法では、毎期同額が減価償却費として計上されるのに対して、定率法では当初多額の減価償却費が計上され、年数の経過に伴って徐々にその額が小さくなっていきます。

　ケース・スタディからわかるように、会計方針としてどの方法

<会計方針を選択するイメージ>

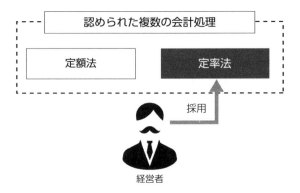

を採用するかにより会社の業績に影響が出ることがわかります。

会計方針は簡単には変えられない

❶会計方針は注記で開示

　同じ業界に属するライバル企業同士の業績を比較しようとした場合、会計方針が異なっていると単純な比較はできません。また、同じ企業であっても、前年度と当年度で会計方針が異なっていれば、単純な期間比較をしても意味がありません。そこで、業績について、企業同士の比較や同一企業での期間比較を適切に行えるよう、会社が採用した会計方針は、**財務諸表**（☞1ページ）を作成する前提として、注記により開示されます。

❷会計方針の変更には「正当な理由」が必要

　会計方針は、その会社にとって財務諸表を作成するための前提となるため、会計方針がコロコロ変わってしまうと業績の推移を適切に判断することができません。また、自由に会計方針を変えることができるとすれば、会計方針の変更を利用して業績を操作することも可能になってしまいます。そのため、一度採用した会計方針は、原則として変更できません。

　ただし、正当な理由がある場合、すなわち次のいずれかに該当する場合には変更することが認められています。

㋐　会計基準が改正され、強制的に会計方針を変更しなければならない場合

㈰　㈪以外の「正当な理由」に基づいて自発的に会計方針を変更する場合

特に、㈰については、どのような要因で、かつ、なぜこのタイミングで変更をするのかという合理的な理由がなければなりません。

そして、㈪、㈰のいずれかによって会計方針を変更した場合には、会計方針の変更の内容、変更を行った正当な理由（㈰の場合）、変更による影響額などを注記により開示することとされています。さらに、原則として、変更後の会計方針を過去の年度に遡って適用（**過年度遡及適用**）（☞162ページ）した場合の財務諸表を作成し、開示する必要があります。

＜会計方針を変更しようとするときのイメージ＞

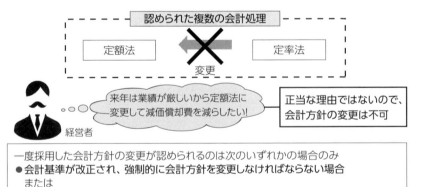

＊減価償却方法の変更は、会計方針の変更に該当しますが、特別に過年度遡及適用はしないこととされています。

キーワード28

会計上の見積り

会計というと、すでに起きた事実を会計システムに登録するだけの、とても客観的なものだと思っていました。しかし実際には、将来の予測を前提とした経営者の見積りの結果がたくさん含まれていると聞きました。会計上、どのような場面で経営者の見積りが必要とされているのでしょうか。

 見積りなしに財務諸表は作成できない

質問にあるとおり、**財務諸表**（☞1ページ）にはその作成責任者である経営者による見積りが多く含まれています。見積りなしに財務諸表を作成することはできないと言っても過言ではありません。そして、見積りの結果が会社の業績を大きく左右する場合もあることから、**不正会計**（☞219ページ）につながる危険をも秘めています。

会計上の見積りを適切に行うことは、正しい財務諸表を作成する上で必要不可欠なものとなっています。

 見積りを必要とする主な会計処理

会計基準では、会計上の見積りを「資産及び負債や収益及び費用等の額に不確実性がある場合において、財務諸表作成時に入手可能な情報に基づいて、その合理的な金額を算出すること」とさ

れています。

次の表は、会計上の見積りを必要とする会計処理の例です。

会計上の見積りを必要とする事項	見積り結果が影響を与える項目			
	資産	負債	収益	費用
売掛金の回収可能性（貸倒引当金の計上）（☞58ページ）	○			○
棚卸資産の評価（☞41ページ）	○			○
固定資産の減価償却（☞67ページ）	○			○
固定資産の減損（☞92ページ）	○			○
資産除去債務（☞73ページ）	○	○		○
時価のない有価証券の評価（☞51ページ）	○			○
繰延税金資産の回収可能性（☞112ページ）	○			○
退職給付会計（☞125ページ）		○		○
工事契約の収益認識（☞36ページ）	○		○	

すべてをここで紹介することはできませんので、上場会社の多くで該当し、その見積りの結果が財務諸表に特に大きな影響を与える可能性があるものに絞っていくつか説明します。

なお、いずれの項目も本書でキーワードとして紹介しているものですので、詳しくはそちらを参照してください。

❶売掛金の回収可能性（貸倒引当金の計上）

売掛金に限らず会社は保有する債権すべてについて、回収が可能かどうかを評価し、回収できないと見込まれる金額があれば、貸倒引当金を計上しなければなりません。

例えば、ある顧客について、売上代金の回収が滞っている状況にあるときに、相手先の支払能力を評価し、回収不能見込額を見積もることが求められます。

❷棚卸資産の評価

商品や製品は、決算ごとに**貸借対照表**（☞4ページ）に計上された金額（帳簿価額）以上の価額で販売できるかどうかを評価しなければなりません。仮に帳簿価額未満の金額でしか販売できない場合には、棚卸資産評価損を計上することになります。

自社商品や製品の属する市場や競合他社の動向、将来の販売見込みなどを勘案した上で判断する必要があり、高度な見積りが要求されます。

❸固定資産の減損

業績が悪化した場合などに、保有する固定資産について、減損損失の計上が必要かどうかを判断しなければなりません。

固定資産の減損会計では、減損の兆候があるかどうかの判断から始まり、将来のキャッシュ・フローとの比較など、会計処理のほぼすべてに見積りを必要とするといっても過言ではありません。

しかも、固定資産の減損は、計上が必要となった場合には損失額が多額に上ることも多く、経営者には実態に即した合理的な見積りが要求されます。

❹繰延税金資産の回収可能性

　税効果会計のもとで計上される繰延税金資産の計上額は、将来の課税所得の発生見込みをどう見積もるかに大きく左右されます。特に、足元の業績が悪化しているときには、通常、将来の業績見込みも慎重にならざるを得ません。

　それゆえに、業績が悪化している状況で、繰延税金資産の取崩しにより、さらに最終利益を悪化させるという苦しい判断が必要になることもあります。

*

　このように財務諸表には、会計上の見積りの結果が多く含まれていることがわかります。財務諸表は、すでに行われた取引の結果を事実として記録しているだけでなく、経営者による将来の予測の結果も含んでいるという点で、経営者による主張が反映されています。

　そのため、恣意的な見積りとならないよう経営者には適切な内部統制を含めた会計上の見積りを行うためのプロセスを構築することが求められます。

column
「会計上の見積り」は重要な監査項目

　会計上の見積りは、経営者の主観が入りやすく、しかもその見積りの結果が会社の業績に大きな影響を与えることも少なくありません。また、会社の不正会計が露見する場合には、会計上の見積りに関する事項が焦点になるケースもあります。実際に、証券取引等監視委員会が公表している上場会社の開示規則違反による課徴金事例には、会社が役員に対して行った貸付金について、本来回収に懸念がある債権に分類し評価すべきであったところ、それを行わず貸倒引当金の計上が過少となっている事例や、債務超過の状態にある会社を買収した際に計上したのれんの評価について、投資先の会社の業績の回復可能性の検討が不十分であったため、のれんの計上が過大となっている事例などが挙げられています。

　そのため、監査法人や公認会計士による会計監査上も、会計上の見積りは特に重要な項目とされています。会計監査では、経営者が見積りを必要とする事象を漏れなく把握するための仕組みが整っているか、見積りの前提となっている仮定は適切か、また、過去に行った見積りとその後の実績に差異はないか、更に差異があった場合にはその要因が分析され、次の見積りに反映されているかなど、さまざまな観点から経営者による見積りの妥当性をチェックします。

キーワード29

過年度遡及

会計方針を変更した場合などに、過去に遡って財務諸表を修正する「過年度遡及処理」が求められると聞きました。かつては、会計方針を変更しても過去の財務諸表を修正することはなかったと思うのですが、現在の会計上のルールについて教えてください。

会計方針の変更があった場合は原則「遡及適用」

会社は一度採用した**会計方針**（☞153ページ）を原則として変更できず、正当な理由がある場合にだけ変更することができます。そして、正当な理由によって会計方針を変更した場合には、過去に遡ってその会計方針を適用した場合の**財務諸表**（☞1ページ）を作成し、開示する「遡及適用」が必要となります。

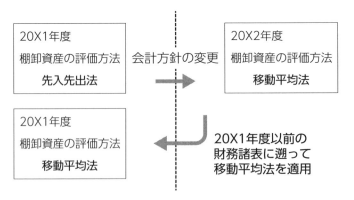

かつては、会計方針の変更を行っても、変更した会計年度以降について変更後の会計方針を適用すればよく、過年度の財務諸表

に遡及適用することは必要とされていませんでした。

しかし、2009年に導入された「会計上の変更及び誤謬の訂正に関する会計基準」（過年度遡及基準）によって、会計方針を変更した場合の遡及適用が義務付けられました。これにより、会計方針が変更された場合も、投資家などの財務諸表利用者は同じ会計方針による過去の財務数値をもとに、業績の評価や投資判断を行うことができるようになりました。

遡及適用は、国際的な会計基準では以前より導入されている考え方です。

　表示方法の変更があった場合も同様　

財務諸表の表示方法も原則として毎期継続した方法によることが必要です。しかし会計基準や法令の改正があった場合、あるいは変更したほうがより財務諸表が明瞭になる場合などに表示方法を変更することがあります。

表示方法の変更があった場合にも、会計方針の変更と同様に、原則として変更後の表示方法によって過去の財務諸表を組み替えることが求められています。

　財務諸表に誤りがあった場合も遡って修正　

すでに開示した財務諸表について、残念ながら、後になって誤りに気付くということがあります。財務諸表の誤りを「誤謬（ごびゅう）」といいます。かつては、過去の財務諸表に誤謬があることが判明しても、過年度の財務諸表を修正することはせず、「過

年度損益修正」という特別損益項目で、誤謬の判明した会計年度の損益に含めるという処理が広く行われていました。

しかし、過年度遡及基準では、会計方針の変更や表示方法の変更だけでなく、過去の誤謬の取扱いについても整理され、原則として誤謬の発生した会計年度の財務諸表まで遡って修正することとされました。

会計方針を変更した場合の遡及適用と異なり、誤謬による遡及修正となると、会社の財務報告に対する信頼性に疑問符がつくと同時に、その修正には膨大な作業を要することになります。そのため誤謬が生じないよう慎重に日々の経理処理・決算手続を行うことが求められています。

　会計上の見積りの変更は遡及適用なし　

会計方針の変更と似て非なるものに「**会計上の見積り**（☞157ページ）**の変更**」があります。これは、見積りによって会計処理を行わなければならないものについて、その後新たな情報を入手したことによって過去に財務諸表を作成する際に行った見積りを変更することをいいます。

会計上の見積りを変更した場合には、上記でみた会計方針の変更などとは異なり、遡って会計処理を見直すことはなく、見積りを変更した年度以降にのみ影響するよう会計処理を行います。

ただし、会計上の見積りの変更は、過去の見積りがその当時の状況からみて最善であったことが前提です。見積りに必要な情報の収集漏れや経営者の判断に誤りがあったことが原因で、後日見

積りの変更が必要となった場合には、会計上の見積りの変更ではなく誤謬の訂正として、過年度の遡及修正が求められます。

ここまでを簡単にまとめると次のようになります。

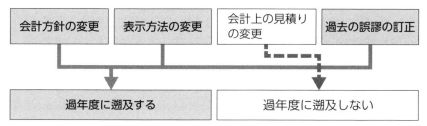

※過年度に遡及するか否かの判断には、これらの財務諸表に及ぼす金額的・質的重要性が考慮されます。

column
買収先が不適切な会計処理をしているリスク

上場会社が決算情報を開示しているTDnet（適時開示情報閲覧サービス）では、過年度の決算短信を遡って修正したものを開示している事例をみることができます。

最近では、海外の子会社が過去に不適切な会計処理を行っていたことが判明し、それに伴って親会社が連結決算を遡って修正し、開示をするといった事例が散見されます。

不適切な会計処理が行われた場合には、過年度の決算の修正だけでなく、独立した第三者委員会を立ち上げてその調査を受けたり、同時に再発防止策を設け、役員は報酬の減額などの責任をとるということが多いようです。

海外に限りませんが、他社を買収する際には、不適切な会計処理をしていないかどうかも重要な確認事項となります。

キーワード30

セグメント情報

ライバル企業の業績が近年急速に伸びていることから、その要因を知りたいと思っていたところ、「セグメント情報」という開示事項から事業別の損益がわかると聞きました。セグメント情報とはどのようなルールに基づいて作成されているのか教えてください。

　上場会社ともなると、1つの事業だけでなく多角化して複数の事業を手掛けていることは珍しくありません。また、海外に子会社を作って、複数の国や地域に事業を展開しているケースも多くみられます。そのような会社について、会社全体での業績だけをみても、単位が大きすぎてどのように評価してよいかわかりません。そこで、会社の業績をもう少し小さな単位、つまり部門や事業ごとに区分して、それぞれで**売上高**（☞30ページ）や利益などの情報を開示することとされています。これが「セグメント情報」です。セグメント情報は、**財務諸表**（☞1ページ）の注記事項として、**決算短信**（☞194ページ）や**有価証券報告書**（☞199ページ）などで定期的に開示されます。

連結損益計算書

	当期
売上高	1,100 億円
利益	100 億円

事業などの区分ごとに注記で開示

セグメント情報

	A事業	B事業	合計
売上高	800 億円	300 億円	1,100 億円
利益	120 億円	△20 億円	100 億円

投資家：会社全体としては100億円の利益で、まずまずの業績だ。

しかし、セグメント情報を見ると…A事業は順調で安心だが、B事業は赤字でうまくいっていないようだ。

セグメントの単位

　セグメント情報の開示にあたっては、経営者が自社の業績を管理している単位でセグメントを区分することとされています。このように経営者の視点からセグメントの区分開示を求める考え方を「マネジメント・アプローチ」といいます。

　2008年にセグメント情報に関する会計基準が改正されるまでは、必ずしも経営者の視点に関わらず、事業の種類別や所在地別に業績を区分して開示することとされていました。

　しかし、新たに導入された現行の会計基準では、特定の区分方法を定めることはしていません。その代わり、財務諸表の利用者（投資家）が経営者と近い見方で会社の業績を評価し、投資判断に役立てることができるようマネジメント・アプローチによることとされました。

　マネジメント・アプローチのもとでは、具体的に次の3つの要件を満たすものがセグメントとして区分されます。

❶　売上・費用が発生する事業活動に関わるもの
❷　会社の最高意思決定機関が、投資の意思決定をし、業績評価のために定期的に経営成績を検討するもの
❸　分離された財務情報を入手できるもの

　これらの3要件を満たすものが、結果的に、事業の種類別であったり、事業拠点の所在地別であったりする[*1]ことになります。

＊1　セグメント情報の注記には、それぞれのセグメントの説明も記載されています。

<実際のセグメントの区分例>

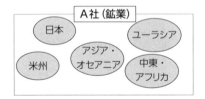 

セグメント情報は誰でも見ることができる

　上記のとおり、セグメント情報は、財務諸表の注記として開示されます。セグメント情報は、投資家が会社の業績を評価し、投資判断を行う上で特に有用な情報であることから、簡素化が進む決算短信においても必須の開示項目とされています。また、四半期報告書や有価証券報告書にも注記事項として記載され、監査法人や公認会計士による**会計監査**（☞212ページ）の対象ともなっています。決算短信は東京証券取引所が運営する TDnet（適時開示情報閲覧サービス）、有価証券報告書は金融庁が運営する EDINET を利用して、それぞれ WEB 上で誰でも閲覧することができます。また、多くの会社が自社の HP でもこれらの情報を掲載しています。

　なお、事業が単一であり、区分すべきセグメントがないとして、セグメント情報を開示していない会社や、区分してもある１つのセグメントが会社の大部分を占めており、ほかのセグメントに重要性がないとして、開示を省略している会社もありますので、すべての上場会社がセグメント情報を開示しているわけではありません。

column
セグメント情報から見えてくる会社の意外な一面

次の表は、ある会社のセグメント別の損益です。

(単位：億円)

セグメント	金額	セグメント	金額
モバイル・コミュニケーション	△614	音楽	873
ゲーム＆ネットワークサービス	886	金融	1,565
イメージング・プロダクツ＆ソリューション	721	その他	20
ホームエンタテインメント＆サウンド	505	計	4,056
デバイス	△285	全社（共通）及びセグメント間取引消去	△1,115
映画	385	連結営業利益	2,941

　これは誰でも知っているソニー株式会社の2015年度におけるセグメント情報です。ソニーと聞くと、普段触れることの多いカメラやゲーム機などの電気製品がまず頭に浮かぶと思います。しかし、2015年度に同社はすべてのセグメントの合計で4,056億円の利益[*2]を計上していますが、そのうち保険や銀行業からなる「金融」が1,565億円と一番の稼ぎ頭となっています。さらに、「音楽」や「映画」もそれぞれ873億円、385億円と、「ゲーム＆ネットワークサービス」には及ばないものの多くの利益を稼ぎ出していることがわかります。このように、セグメント情報を通じて、一般的なイメージとは少し違った会社の一面が見えてくるのではないでしょうか。

　[*2] ここでいう「利益」は全社共通費用やセグメント間での利益を相殺する前の利益

キーワード31

関連当事者

近々監査役に就任する予定です。そのため、取締役など会社と特別な関係にある者が、会社との間で取引を行った場合、どのような開示が求められるのかを知っておく必要があります。開示対象となる当事者や取引の範囲などについては、どのように定められているのでしょうか。

 特別な立場にある者との取引は開示される

　会社が、その役員や大株主などといった、会社と特別な関係にある者と取引を行うこと自体は禁止されているわけではありません。しかし一般株主などの利害関係者は、それらの特別な関係にある者がその地位を利用して、会社にとって不利益な取引を行っていないかどうかを判断するための情報を知る必要があります。

　そこで、会社との間で特別な関係にある者を「関連当事者」とし、関連当事者との取引は**有価証券報告書**（☞199ページ）や**会社法に基づく計算書類**（☞206ページ）の中で、注記事項として開示することとされています。

 関連当事者の範囲

　注記による開示の対象となる「関連当事者」とは、ある当事者が、ほかの当事者を支配している場合や、ほかの当事者の財務や

業務に関する意思決定に対して重要な影響力を持つ場合の当事者をいいます。例えば、次のような者が関連当事者に該当します。

- ❶ 親会社、子会社、関連会社
- ❷ 主要株主*¹とその近親者
- ❸ 役員とその近親者
- ❹ 上記❷や❸の者が50％超の議決権を持つ会社　など

＊1　主要株主：10％以上の議決権を持つ株主

上記は代表的な例ですが、会計基準にはこれら以外にも細かく関連当事者の範囲が定められています。

注記の対象となる取引

もっとも、関連当事者との取引は、そのすべてが開示されるわけではありません。関連当事者が個人か法人かにより、開示を必要とする金額の基準がそれぞれ設けられており、その基準値を超えるものだけを開示すればよいことになっています。具体的には、関連当事者が個人の場合は1,000万円を超える取引が開示対象となります。

一方、関連当事者が法人である場合には、関連する勘定科目ごとにいくつかの基準値が設定されています。

関連当事者の種類	開示が必要となる金額基準
個人	1,000万円を超える取引
法人*2	〈損益計算書の勘定科目に係る取引〉 ●売上高（☞30ページ）、売上原価、販売費及び一般管理費 　売上高または売上原価と販売費及び一般管理費の合計の10％を超える取引 ●営業外収益、営業外費用 　営業外収益または営業外費用の合計の10％を超える取引 ●特別利益、特別損失 　1,000万円を超える取引 〈貸借対照表の勘定科目に係る取引〉 ●総資産の1％を超える取引 ●資金の貸借取引、**有形固定資産**（☞67ページ）や**有価証券**（☞51ページ）の購入 　期末の残高または取引の発生総額が総資産の1％を超える取引

＊2　関連当事者が法人の場合の基準：上記は基準値の一例

　なお、無償の取引であれば開示が不要というわけではありません。無償の場合には、関連当事者ではない第三者間の取引と仮定してその金額を見積もり、上記基準値に当てはめて判定します。

　また、関連当事者との取引であっても、株主総会など法定の手続を経て決定され別途金額も開示される役員報酬や、銀行預金の利息および配当金の受取りなど取引条件が一般の取引と同じであることが明白な取引については、金額の大小にかかわらず関連当事者注記の対象からは除かれています。

 関連当事者との取引の開示内容

　関連当事者との取引があり、それが重要性の基準値を超える場

合には、次のような事項が実際に開示されることになります。

- 関連当事者の概要
- 会社と関連当事者との関係
- 取引の内容
- 取引金額
- 取引条件とその決定方法
- 取引から発生した債権・債務の期末残高　など

　このように、取引の内容や金額だけでなく、どのような取引条件によっているのか、その取引条件はどのようにして決定されているのかという点も開示の対象となります。このため、会社が関連当事者に特別な便宜をはかったり、関連当事者がその立場を利用して会社に不利な取引を強いたりした場合には、この注記において開示されることになります。

　関連当事者との取引に関する注記は、不透明な取引を行った場合に開示書類から株主などがその事実を知ることになることから、抑止力として働くという効果もあります。

column
関連当事者との取引の網羅性

　以前、上場会社において、社長個人が会社から多額の借金をして、私的な遊興費にあて、会社に損害を与えたという事件がありました。

　この会社の関連当事者との取引に関する注記をみると、ある年度には元会長に対して実に60億円を超える資金の貸付が行われていたことがわかります。

　このように、関連当事者との取引が会社と役員の間で直接行われる取引であれば、関連当事者の存在や取引関係を会社が把握することは比較的容易です。

　しかし、役員個人やその近親者が所有するプライベートカンパニーや、間にいくつもの会社が挟まり間接的に支配している会社などが存在する場合は、それらすべてを把握することは容易ではありません。それゆえに、悪意がなくとも、無意識のうちに開示基準を超える関連当事者取引を行っているという事態が起こり得ます。

　そのため、上場会社では役員に対して、支配する会社の有無や該当する会社が存在する場合のその会社と自社との間の取引の有無・内容などを定期的に文書によって確認するなどの手続をとることで関連当事者取引を漏れなく把握することができるよう努めています。

キーワード32

一株当たり利益

当社を含め、上場会社の決算発表が相次ぐ時期になると、経済新聞に各社の「一株当たり利益」が掲載されています。売上高（☞30ページ）や経常利益などと並んで一株当たり利益が掲載されていることからすると重要な指標なのだと思いますが、どのように計算され、また、どのような場面で利用されるのでしょうか。

一株当たり利益の計算方法

　会社が獲得した利益（当期純利益）を、その会社が発行している株式の数（発行済み株式数）で割った金額を「一株当たり利益」といいます。一株当たり利益は、英語のEarnings Per Shareの頭文字をとって"EPS"と略されることもあります。

　より正確には、発行済み株式数には、期中平均株式数を用い、新株の発行などによって期中に株式数の増減があった場合には、その影響が考慮されます。また、会社が自社の株式（自己株式）（☞138ページ）を保有している場合には、発行済み株式数から自己株式の数を差し引いて計算します。

$$一株当たり利益（EPS）= \frac{当期純利益}{期中平均株式数（自己株式控除後）}$$

- 期末の発行済み株式数…1,000,000株（期中の増減なし）
- 期末の自己株式数…50,000株（期中の増減なし）
- 当期純利益…10億円

一株当たり利益
1,052.63円＝10億円／(1,000,000株－50,000株)

一株当たり利益は、こんな場面で使われる

株式投資を経験したことのある人なら、「株価収益率」という言葉を目にしたことがあるかもしれません。株価収益率は、株式の投資判断を行う際に、現在の株価が割安か割高かを判断する際の指標の１つで、Price Earnings Ratio の頭文字をとって、"PER" と呼ばれることもあります。株価収益率は、一株当たりの利益に対して、現在の株価が何倍の水準にあるかを表しています。

$$株価収益率（PER）＝\frac{株価}{一株当たり利益}$$

例えば、Ａ社の株価が6,000円で一株当たり利益が500円である場合、その会社の株価収益率は12倍（6,000÷500）となります。

株価収益率には、割高・割安の判断基準となる絶対的な水準があるわけではありません。対象となる会社の過去における同指標の推移や、同業他社の倍率などとの比較により相対的なものとして用いられます。仮に、Ａ社と同業のＢ社が、一株当たり利益は200円であるにもかかわらず、株価は4,000円であったとすれば、株価収益率は20倍（4,000÷200）となり、足元の業績だけを見ればＡ社の株価はＢ社に比べて割安ということになります。

	A社		B社
株価	6,000円	>	4,000円
一株当たり利益	500円	>	200円
株価収益率	12倍	<	20倍

割安

このように一株当たり利益は、株式投資における指標の1つである株価収益率を求める上で重要な計算要素となっています。そのため上場会社は、決算発表を行う際に、終了した決算期についての一株当たり利益と、翌年度の業績予想における一株当たり利益を開示しています。経済新聞などに掲載されているのを目にするのは、この数字です。

一株当たり純資産

一株当たりの指標としては、一株当たり利益のほかに、「一株当たり純資産」というものもあります。

一株当たり純資産は、期末現在の会社の純資産額を、発行済み株式数で割って計算します。発行済み株式数は、自己株式を差し引く点は一株当たり利益の計算と同様です。しかし、一株当たり純資産の計算では、発行済み株式数に期中平均株式数を用いず、期末現在の株式数を用います。一株当たり純資産は、英語のBook-value Per Share の頭文字をとって"BPS"と略されることがあります。

$$一株当たり純資産（BPS）= \frac{純資産}{発行済み株式数（自己株式控除後）}$$

株式の投資判断を行う際の指標の1つに、一株当たり純資産を用いたものもあります。株価収益率に似ていますが、株価を一株当たり純資産で割って計算する株価純資産倍率というものです。株価純資産倍率は、PBR（Price Book-value Ratio）と呼ばれ、現在の一株当たり純資産に対して株価が何倍の水準にあるかを表しています。

column
自己株式の取得は一株当たり利益を押し上げる

　一株当たり利益はどのような場合に増減するでしょうか？
　もちろん計算式の分子である「当期純利益」が増加すれば、一株当たり利益は大きくなります。このほかに、分母である「期中平均株式数（自己株式控除後）」が減少することでも、一株当たり利益は大きくなります。そのため、自己株式の取得は、一株当たり利益を押し上げる効果をもたらします。
　冒頭の例で、自己株式を200,000株（発行済株式数の20％に相当）保有しているケースを考えてみましょう。

＜自己株式と一株あたり利益の関係＞

当期純利益	10億円	=	10億円
期中平均発行済み株式数	1,000,000株	=	1,000,000株
期中平均自己株式数	50,000株		200,000株
一株当たり利益	@1,052円		@1,250円

　会社の利益は同額でも、自己株式が増加した場合、一株当たり利益は大きくなることがわかります。一株当たり利益を指標として利用する際には、数値だけに着目せずに、その増減の背景まで理解することが大切です。

キーワード33

潜在株式調整後一株当たり利益

当社の決算短信（☞194ページ）には「一株当たり利益」の欄とは別に、「潜在株式調整後一株当たり利益」の欄にも数字が記載されています。他社では、この欄を「－」と記載している例もありました。「潜在株式調整後一株当たり利益」はどのような場合に記載されるのでしょうか。具体的な計算方法も含めて教えてください。

潜在株式とは

　潜在株式とは、その保有者が株式を取得することができる権利や株式への転換を請求できる権利が付された証券や契約をいいます。例えば、新株予約権などのワラント*や、社債と新株予約権が一体となった新株予約権付社債が該当します。

＊　ワラント：その保有者が普通株式を取得することのできる権利

　少しわかりにくいと思いますので、ここではイメージしやすいよう、潜在株式の中でも、多くの上場会社でみられる**ストック・オプション**（☞133ページ）を前提に説明します。ストック・オプションは、役員や従業員に付与され、あらかじめ決まった価格（権利行使価格）でその会社の株式を取得できる権利のことをいいます。会社の株価が上昇し、権利行使価格が株価よりも低い状況にあるとき、ストック・オプションを保有する人は権利行使することで

市場よりも安く株式を取得することができます。

　ストック・オプションが権利行使された場合には、新たに株式が発行されることになりますので、その分一株当たり利益は小さくなります。

　まだ権利行使されていない潜在株式があり、その権利が行使されたと仮定した時に一株当たり利益が小さくなる場合、その潜在株式には「希薄化効果」があるといいます。

 ## 希薄化効果をもつ潜在株式

　すべての潜在株式が希薄化効果をもっているわけではありません。ストック・オプションについていえば、❶ストック・オプションの権利行使価格と❷平均株価を比較して、❶のほうが❷よりも低い場合に希薄化効果があるとされます。

　つまり、権利行使価格が平均株価よりも低い状態であれば、権利行使が行われると仮定することができ、その場合には、発行済み株式数が増加することで、一株当たり利益が小さくなるためです。

| ストック・オプションの
権利行使価格
1,200円／株 | ＜ | 平均株価
2,000円／株 |

↓いつ権利行使されてもよい状況

すべて権利行使されたと仮定した場合、発行済み株式数は増加し、一株当たり利益は小さくなる

潜在株式調整後一株当たり利益の計算

潜在株式による希薄化効果を反映した一株当たり利益を「潜在株式調整後一株当たり利益」といいます。例を用いて実際の計算方法をみてみましょう。

ケース・スタディ

当期純利益	200,000,000円
期中平均株式数	1,000,000株
1株当たり利益	200円

ストック・オプション	50,000株	
権利行使価格	1,200円	…A
期中平均株価	2,000円	…B

A ＜ B ⇒ このストック・オプションは希薄化効果あり

増加株式数	20,000株
潜在株式調整後一株当たり利益	196円

ストック・オプションの権利行使価格1,200円は期中平均株価2,000円を下回っていますので、このストック・オプションには希薄化効果があるということになります。希薄化効果を反映した潜在株式調整後一株当たり利益は、次の式によって計算します。

潜在株式調整後一株当たり利益
　　　＝ 当期純利益 ÷ （期中平均株式数 ＋ 増加株式数）

ここでポイントになるのが、「増加株式数」の計算です。増加株式数は、ストック・オプションによる50,000株をそのまま用いるわけではない点がポイントです。

増加株式数は、ストック・オプションがすべて権利行使された場合に発行される株式数50,000株と、ストック・オプションの権利行使によって払い込まれる金額をもとに平均株価で自己株式を買い受けた場合の株式数30,000株（50,000株×@1,200÷@2,000円）の差として計算した20,000株となります。

　少し難しいのですが、会社はストック・オプションの権利行使によって払い込まれる金額を原資に、平均株価で自己株式を取得するものと仮定し、その差分が実質的に増加する株式数であるという考え方によっています。

　以上の計算の結果、潜在株式調整後一株当たり利益は、200,000,000円÷（1,000,000株＋20,000株）＝@196円となり、希薄化効果によって潜在株式を調整しない一株当たり利益@200円よりも小さな金額になります。

希薄化効果を有しない場合には、調整計算は不要

　そもそも潜在株式がない場合、調整後の計算は不要ですので、質問にあるように決算短信では該当箇所に数字は入らず「－」と記載されます。

　また、ストック・オプションは発行されていても権利行使価格が平均株価を上回っている場合など、潜在株式があっても希薄化効果がない場合にも同様に記載されません。

　さらに、当期純利益が赤字の場合には、株式数が増加したところで一株当たりの利益が小さくなることはありませんので、同様に潜在株式の調整計算は行われません。

キーワード34

偶発債務

他社の債務を保証している場合や裁判中で将来当社に支出負担が生じる可能性のある状況などが存在する場合、**財務諸表**（☞1ページ）ではどのように取り扱われるのでしょうか。

現時点では確定した債務ではないものの、将来において一定の条件が満たされたときに会社の負担となる可能性のあるものを偶発債務といいます。偶発債務には、例えば、他者が負っている債務を保証している場合の保証債務や、裁判で争っている事件に関する損害賠償義務などが該当します。

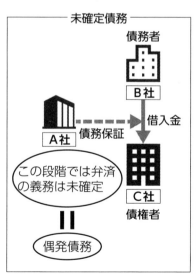
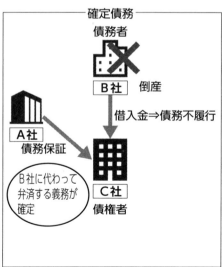

偶発債務は注記で開示

偶発債務がある場合、その内容と金額を注記によって開示する必要があります。

偶発債務（例）	注記で開示する内容
債務保証	債務保証の種類、保証先など
係争事件の損害賠償義務	事件の概要、相手方など

ただし、重要性がない場合には注記を省略することができます。

引当金との関係

66ページでも触れましたが、会計には「引当金」というものがあります。企業会計原則に定める次の4つの要件を満たしている場合には、債務として確定したものではないものの、負債として計上する必要があります。

<企業会計原則　注解18>

- ❶ 将来の特定の費用又は損失であること
- ❷ その発生が当期以前の事象に起因していること
- ❸ 発生の可能性が高いこと
- ❹ その金額を合理的に見積ることができること

上表の債務保証や係争事件の損害賠償義務といった未確定の債務がこれら4つの要件を満たした場合には、偶発債務ではなく、引当金に該当します。このため、その額を負債に計上するとともに、同額を費用または損失として計上しなければなりません。

例えば、現在、裁判で争っている事件があり、相手方による損

害賠償請求が１億円であるとします。過去の同じような裁判事例や顧問弁護士による意見を聞いた結果、当社が敗訴し、相手方の請求が満額認められる可能性が高いと判断された場合には、損害賠償損失引当金として負債に１億円計上し、同額を費用または損失として繰り入れることになります。

このとき、特に引当金の要件を満たすかどうかの分かれ目になるのが、❸の発生可能性と、❹の金額の合理的な見積りです。一概にはいえませんが、❸と❹は密接に関連しており、発生の可能性が高ければ、その金額の合理的な見積りも可能となるケースが多いと考えられます。

逆に発生の可能性が高くない段階においては、金額の合理的な見積りもまた難しいと考えられます。いずれにしても、**貸借対照表**（☞4ページ）や**損益計算書**（☞11ページ）に直接計上されるのか、または計上されずに注記のみの開示となるのかは経営者による判断・見積りの結果に大きく依存することになります。

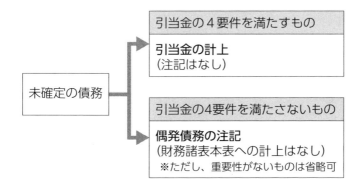

キーワード35

後発事象

貸借対照表（☞4ページ）は決算日現在の財政状態を、**損益計算書**（☞11ページ）は決算日までの1年間の経営成績を表すものですが、決算日の直後に会社にとって重要な事象が生じた場合、会計上どのように取り扱われるのでしょうか。

2つの後発事象

決算日よりも後に発生した事象のうち、会社の財政状態や経営成績に影響を及ぼすものを「後発事象」といいます。後発事象の中には、決算日後に起きた事象でありながら、その影響額を決算日まで遡って計上し、**財務諸表**（☞1ページ）を修正しなければならないケースがあります。

後発事象は、決算日まで遡って財務諸表に反映する、すなわち、財務諸表を修正する必要があるものかどうかによって、❶修正後発事象と❷開示後発事象の2つに分類することができます。

＜後発事象の2つのパターン＞

❶修正後発事象

決算日に遡って財務諸表を修正しなければならない修正後発事象とはどのようなものでしょうか。

例えば、会社が自社の製品に関連して得意先から損害賠償を求められ、過去から裁判で争っているものの、決算日現在では判決が出ていない状況にあったとします。会社は決算を行うに当たり、この訴訟によって会社に損失が発生する可能性を評価した結果、現段階では敗訴する可能性は小さいと判断し、財務諸表には当初訴訟損失引当金＊を計上していませんでした。しかし、決算がほぼ確定し、決算発表まで間もなくというタイミングで下された判決は、予想に反して会社側の敗訴、すなわち会社に多額の損害賠

＜修正後発事象＞

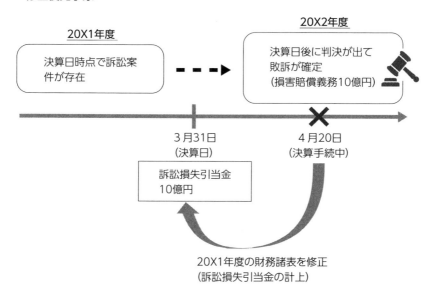

償義務を認めるものでした。この場合、敗訴による会社の損害賠償義務は決算日後に確定したものですが、その原因となった訴訟案件自体は決算日現在において既に存在しています。このため敗訴という追加的な情報を受けて、決算日現在の**見積り**（☞157ページ）を修正することになります。これが修正後発事象です。

* 訴訟損失引当金：訴訟に関連して将来支出が見込まれる損失をあらかじめ見積もって計上するもの

修正後発事象に該当する可能性のある事象としては、上記のほかにも例えば以下のようなものがあります。

事象の例	財務諸表の修正項目
重要な事業からの撤退	撤退する事業に関連して使用していた**固定資産の減損損失**（☞92ページ）や**棚卸資産**（☞41ページ）の評価損の計上など
主要な取引先の倒産	倒産した得意先に対する売掛金について**貸倒引当金**（☞58ページ）の計上

会計監査（☞212ページ）を受けている会社において、決算日以後、監査人の監査報告書が出るまでの間にこれらの事象が生じ、その影響額に重要性がある場合には、遡って財務諸表を修正する必要があります。このため決算日後もぎりぎりのタイミングまで後発事象の発生について注意を払わなければなりません。

❷開示後発事象

一方、遡って財務諸表そのものを修正する必要はなく、注記事項を記載することで足りる開示後発事象とはどのようなものでしょうか。具体例としては、決算日後に生じた大規模火災により

主力工場が焼失し、操業停止に追い込まれたといったケースが挙げられます。この場合、決算日現在では火災に伴う損失についてなんらの原因も存在しないため、財務諸表上は、決算日に遡って修正すべきものはなく、火災に伴う損失は火災の発生した年度に計上することになります。そのほかにも、決算日後に意思決定された合併や多額の増資などが開示後発事象にあたります。

＜開示後発事象＞

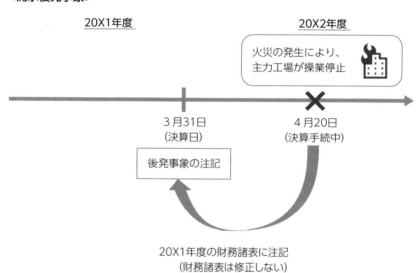

これらの開示後発事象が生じた場合に、遡って財務諸表を修正する必要はありません。しかし、重要なものについては、財務諸表利用者に有用な情報を提供する目的から、発生した事象の概要を注記事項として開示することになります。

キーワード36

継続企業の前提

　以前から業績不振で不安を感じていた得意先の**財務諸表**（☞1ページ）に、「継続企業の前提に関する注記」というものが追加されていることに気が付きました。この注記の持つ意味と、どのような場合に記載されるのかについて教えてください。

　会計基準に準拠して作成される会社の財務諸表は、その会社が将来にわたって事業活動を継続していくことを前提にしていると考えられています。

　例えば、工場として使用する目的で所有する建物は、決算日ごとに時価で評価替えされるわけではありません。建物の取得時に取得原価で**貸借対照表**（☞4ページ）に計上した後は、会社が事業を継続していくことを前提に、その建物の耐用年数にわたって減価償却＊が行われます。

＊　減価償却：耐用年数にわたり費用として配分する会計処理

　このように、"会社が将来も継続する（継続できる）"という、財務諸表を作成する上での前提を「継続企業の前提」といい、Going Concern（ゴーイング・コンサーン）と呼ばれることもあります。

　2002年に、継続企業の前提に関する開示が義務付けられてから相当の年数が経過し、「継続企業の前提」や「ゴーイング・コンサーン」という言葉もだいぶ定着してきました。

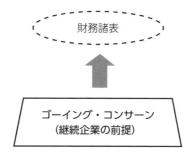

継続企業の前提に関する注記

　経営者には、自社の財務諸表を作成するに当たって、継続企業の前提をおくことが適切かどうかを定期的に評価することが求められています。具体的には、決算日の翌日から少なくとも1年間は会社が事業活動を継続することができるかどうかを評価しなければなりません。

　そして、評価の結果、継続企業の前提に重要な疑義を生じさせるような事象や状況が存在し、その事象や状況を解消し、あるいは改善するための対応をしても、なお継続企業の前提について重要な不確実性があると判断した場合に、その旨など一定の事項を注記により開示する必要があります。

　この注記を「継続企業の前提に関する注記」といいます。いわば、自社の存続に黄信号が灯っていることを財務諸表利用者に対して情報として提供するものです。

<継続企業の前提に関する注記例>

（継続企業の前提に関する事項）
　当社は、前事業年度において営業損失X億円、経常損失X億円、当期純損失X億円となり、当事業年度においても営業損失X億、経常損失X億、当期純損失X億円となったことから、<u>継続企業の前提に重要な疑義を生じさせるような事象または状況が存在</u>しています。
　当社は当該状況を解消するため、…で増収とコスト削減により、収益力の向上を実現します。…資金面では、…引き続き、資金調達や資金繰りの安定化に努めていきます。
　現在、これらの対応策を進めていますが、…主要取引銀行からの継続的支援に関しても、現時点では詳細が決定していません。
　したがって、現時点においては、<u>継続企業の前提に関する重要な不確実性が認められます</u>。

（以下省略）

 ## 重要な疑義を生じさせる事象や状況

　上述の「継続企業の前提に重要な疑義を生じさせるような事象や状況」としては、例えば、次のような項目が該当します。

- 売上高（☞30ページ）の著しい減少
- 継続的な営業損失の発生
- 継続的な営業活動によるキャッシュ・フロー（☞19ページ）のマイナス
- 債務超過
- 新たな資金調達の困難性

- 重要な市場または得意先の喪失
- 巨額な損害賠償金の負担の可能性
- ブランドイメージの著しい悪化　など

　継続企業の前提に関する注記は、財務諸表の注記事項であるため、注記の有無や内容については会計監査人（監査法人または公認会計士）による会計監査の対象となります。

＜継続企業の前提に関する注記が開示されるまで＞

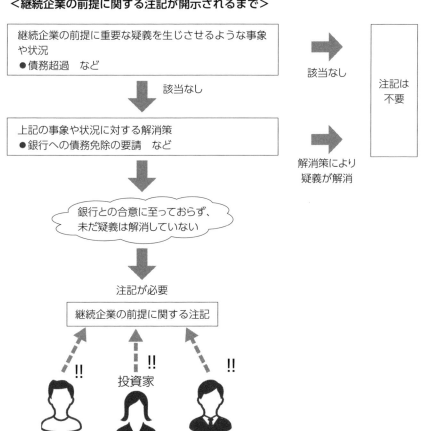

キーワード37

決算短信

　毎年4月から5月にかけて連日のように上場会社の決算についての報道を目にします。上場会社が行う決算発表のタイミングやその内容について教えてください。また、一部内容が重複しているように見える有価証券報告書とはどのような違いがあるのでしょうか。

　上場会社は、投資家に対して定期的に決算内容を開示しています。これは、証券取引所のルールに基づくもので、1年に1度年間ベースで公表される「決算短信」と、年度末を除き3か月ごとに公表される「四半期決算短信」とがあります。

　決算短信は遅くとも年度決算の期末日後45日以内、四半期決算短信は、1年間を3か月に区切った四半期決算の末日後45日以内の開示を求められます。特に年度末の決算短信については、30日以内の開示が望ましいとされています。

　上場会社に最も多い3月末を年度決算日とする会社の1年間の決算発表スケジュールは次のようになります。

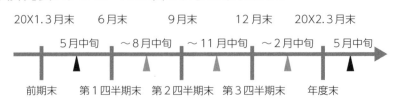

3月決算会社の年度決算の期末日後30日以内は4月末、45日以内となると5月の連休が明けて間もない時期であるため、例年4月から5月にかけては上場会社の決算発表が相次ぎます。

　決算短信は、適時開示情報閲覧サービス（TDnet）というWEBサイトで、誰でもリアルタイムで閲覧することができます。特に決算発表の集中日には、1日だけで何百社にも上る決算短信が開示されます。

決算短信の記載内容

　決算短信は大きく、「サマリー情報」と「添付資料」から構成されます。このうち、サマリー情報は、文字どおり会社の業績などが2ページほどに要約されたもので、終了した期の決算についての**売上高**（☞30ページ）、利益、**一株当たり利益**（☞175ページ）などの情報に加えて、次年度の業績予想も掲載されています。

　つまり、会社の業績に関心を寄せる投資家にとって最も重要な情報が多く含まれているのです。

　そして、添付資料には、すべての上場会社が必ず開示しなければならない項目と、会社が有用なものと判断して適宜追加して開示できる項目とがあります。必ず開示しなければならない項目には、**連結財務諸表**（☞144ページ）や**セグメント情報**（☞166ページ）の注記といった定量的な情報のほかに、会社自身による経営成績・財政状態に関する分析や経営方針といった定性的な情報があります。

有価証券報告書との関係

決算短信・四半期決算短信と類似する内容が記載された開示書類に**有価証券報告書**（☞199ページ）・四半期報告書があります。特に、**財務諸表**（☞1ページ）に関連する部分は重複する内容が多く含まれています。このうち、有価証券報告書および四半期報告書は、金融商品取引法という法律に基づく法定の開示書類であり、その中の財務諸表部分については監査法人または公認会計士による**会計監査**（☞212ページ）（四半期報告書はレビュー）が義務付けられています。一方、証券取引所のルールに基づく決算短信および四半期決算短信は会計監査の対象外となっています。

ただし、監査対象外とはいえ、決算発表後に公表される有価証券報告書の段階になって、決算短信で開示済みの内容に修正が生じてしまうと会社自身の財務報告の信頼性に疑問符が付きますので、決算短信の開示は慎重を期して行われます。

法定開示	適時開示
●金融商品取引法に基づく有価証券報告書　など	●証券取引所の規制に基づく決算短信　など

その他重要な情報の開示

会社の決算内容は、決算短信、四半期決算短信によって少なくとも3か月に1度は開示されます。しかし、それ以外にも投資家に提供すべき重要な情報については、適時に開示することとされ

ています。決算短信、四半期決算短信以外に重要なものとして開示すべきとされている事項には、会社による「決定事実」と会社に生じた「発生事実」とがあります。

　具体的に開示を要する事項としては次のようなものがあります。

決定事実	発生事実
●新株の発行 ●合併や会社分割 ●固定資産の譲渡や取得 ●ストック・オプション（☞133ページ）の付与 　など	●災害による損失 ●訴訟の提起や判決 ●債権の取立不能または取立遅延 ●有価証券報告書の提出遅延 　など

column
XBRLデータ

　決算発表が集中する時期には、1日に何百もの決算短信が開示されることもあるといいました。投資判断に役立てるためには、会社の決算発表の内容を把握し、情報の集計と分析を迅速に行えなければなりません。しかし、データ集計のために何百もの決算短信の内容を1つずつ目で確認し、入力をしているのではとても追いつきません。

　そこで、会社の業績について重要な情報が詰まったサマリー情報と決算短信の添付書類のうち連結財務諸表などの部分については、XBRL（エックスビーアールエル）というデータ形式で提出することとされています。各社が同じXBRLデータを用いることで、証券アナリストなど決算短信の利用者は情報の分析をより効果的・効率的にできるようになっています。

キーワード38

有価証券報告書

取引先の状況を詳しく知るために有価証券報告書を活用したいと考えていますが、100ページを超えるボリュームに戸惑っています。そこで、有価証券報告書の概要と、特に業績や財務内容を把握するためにはどの部分に注目すればよいのかを教えてください。

　有価証券報告書は、金融商品取引法という法律に基づいて、一定の要件を満たした会社が年度末を基準として年に1度作成・開示する書類です。有価証券報告書には、財務情報だけでなく会社の考える自社の課題やリスクなど、たくさんの情報が盛り込まれています。

　確かに膨大なページ数になりますが、統一された目次建て・ひな形が存在しているため、一度見方がわかれば、会社の様々な情報を得ることができるようになります。

　有価証券報告書は、上場会社だけでなく、非上場会社であっても株主1,000人以上で、かつ資本金5億円以上の会社など一定の要件を満たした会社については、金融商品取引法により作成・開示が義務付けられています。

＜金融商品取引法＞

- 上場会社
- 株主が1,000人以上で、かつ資本金5億円以上の会社など

→
事業年度末から3ヵ月以内

投資家

EDINETで誰でも閲覧が可能

　有価証券報告書は、事業年度末から3ヵ月以内に提出することが義務付けられており、3月決算の会社であれば、6月末までに提出することになります。
　特に株主総会の前後に有価証券報告書を提出する会社が多いため、3月決算会社の株主総会が集中する6月最終週になると、多くの会社から有価証券報告書が提出されます。
　有価証券報告書は、インターネットに接続できる環境であれば、EDINET（電子開示システム）にアクセスして、いつでも誰でも閲覧することが可能になっています。

有価証券報告書の構成

　有価証券報告書の具体的な構成は、次ページのようになっています。冒頭でも述べたとおり、財務情報だけでなく、投資家が会社の状況を把握する上で必要と考えられる情報が詰まっています。
　限られた紙面で内容のすべてを解説することはできませんが、質問にあるように、業績や財務内容を確認する上でどの部分の記載がポイントになるのかという点に絞って、簡単にみてみましょう。

第一部　企業情報
第1　企業の概況
　　1　主要な経営指標等の推移……………………………………❶
　　2　沿革
　　3　事業の内容
　　4　関係会社の状況
　　5　従業員の状況……………………………………………………A
第2　事業の状況
　　1　業績等の概要……………………………………………………❷
　　2　生産、受注及び販売の状況
　　3　対処すべき課題…………………………………………………B
　　4　事業等のリスク…………………………………………………C
　　5　経営上の重要な契約等
　　6　研究開発活動
　　7　財政状態、経営成績及びキャッシュ・フローの状況
　　　の分析………………………………………………………………❸
第3　設備の状況……………………………………………………………D
　　（省略）
第4　提出会社の状況
　　（省略）
　　6　コーポレート・ガバナンスの状況…………………………E
第5　経理の状況……………………………………………………………❹
　　1　連結財務諸表等
　　2　財務諸表等
第二部　提出会社の保証会社等の情報

＊A～Eは205ページのコラムと対応しています。

❶主要な経営指標等の推移

　有価証券報告書の冒頭に、会社の売上高や経常利益、一株当たり利益など主要な財務数値が連結ベース、単体ベースでそれぞれ1ページずつにまとめられています。各財務数値は、直近事業年度を含む過去5年間分記載されていて、その会社の経営成績や財政状態およびキャッシュ・フローの状況などを一目で知ることができます。

　この「主要な経営指標等の推移」はハイライト情報とよばれることもあり、有価証券報告書におけるエッセンスが詰まった記載箇所です。

❷業績等の概要

　業績について、前年度との比較による増減要因の分析などが簡潔にまとめられています。これらの分析は、セグメント別に記載されていて、（連結）財務諸表の本表や**セグメント情報**（☞166ページ）に記載された数値と合わせて読むことで、連結グループ全体とセグメント別の業績をより深く理解するのに役立ちます。

❸財政状態、経営成績及びキャッシュ・フローの状況の分析

　上記の❷と内容的に重複する部分もみられますが、経営者自身が自社の財政状態、経営成績、キャッシュ・フローの状況に関する分析や検討内容を記載している箇所です。ここには単なる業績の説明だけでなく、業績に重要な影響を与える要因についての分析

や、事業を営む上で必要になる財源などについても記載されています。

日本では一般にまだ定着していない用語という印象も受けますが、この「財政状態、経営成績及びキャッシュ・フローの状況の分析」は、"MD＆A情報"（Management's Discussion and Analysis of Financial Condition and Results of Operations）と呼ばれることもあります。

❹経理の状況

文字どおり経理の状況として、**貸借対照表**（☞4ページ）、**損益計算書**（☞11ページ）、**キャッシュ・フロー計算書**（☞19ページ）といった（連結）**財務諸表**（☞1ページ）の本表に加えて、注記事項、附属明細表などの財務に関する詳細な情報が記載されています。

上場会社の場合、経理の状況に記載される（連結）財務諸表等については、有価証券報告書より早い段階で開示される決算短信と重複する内容も多く含まれていますが、両者には以下のような点で相違があります。

- （連結）附属明細表など、決算短信では開示されない情報が有価証券報告書では開示
- 注記事項は、決算短信では開示を省略できるものでも、有価証券報告書では該当事項がある限りすべて開示
- 決算短信は監査法人または公認会計士の監査対象外であるが、有価証券報告書の（連結）財務諸表は監査対象

＜業績や財務内容の把握に役立つ記載箇所　まとめ＞

定量的な情報
- 「主要な経営指標等の推移」（ハイライト情報）
- 「経理の状況」

定性的な情報
- 「業績等の概要」
- 「財政状態、経営成績及びキャッシュ・フローの状況の分析」（MD&A）

＜有価証券報告書と決算短信との違い＞
- 有価証券報告書の「経理の状況」に含まれる（連結）財務諸表は監査法人等による監査を受けたもの
- 附属明細表や一部の注記事項など、決算短信では省略される情報も有価証券報告書では充実

column
有価証券報告書からはこんな情報も読み取れる

　会計からは話が横道にそれますが、上記の部分以外にも有価証券報告書の記載からは、例えば次のような情報を知ることができます。（A〜Eは201ページの有価証券報告書構成図に対応）

A 従業員の状況	従業員数のほかに、転職や就職活動をする上で気になる「平均年齢」、「勤続年数」、「平均年収」といった情報が記載されています。 　雑誌などで上場会社の年収ランキングが掲載されることがありますが、有価証券報告書のこの部分を情報源にしていると考えられます。
B 対処すべき課題 C 事業等のリスク	会社自身が考える自社の課題や事業上のリスクが記載されています。会社のいわば「弱み」を開示している部分で、その会社や業界を理解する上で貴重な情報となります。
D 設備の状況	会社の工場や店舗など主要な設備について、面積や帳簿価額などの情報が記載されています。 　少し変わった見方ですが、古くから一等地に広大な事業用の土地を持っている会社などでは、この設備の状況から、財務諸表に反映されていない不動産の含み益を推計することも可能になります。
E コーポレート・ガバナンスの状況	会社の統治の仕組み（コーポレート・ガバナンス）についての記載箇所です。取締役会や監査役会といった機関のあり方などのほかに、役員報酬などの情報も記載されます。 　特に、役員報酬は2010年3月期から、1億円以上の報酬を得ている役員については個別に開示することが義務付けられました。この点は社会的にも関心の高い部分で、毎年雑誌の記事などで取り上げられています。

キーワード39

会社法計算書類

株主総会の招集通知には、貸借対照表や損益計算書などの財務書類が含まれています。決算短信や有価証券報告書とは少し内容が異なるようですが、どのようなルールに基づいて作成・開示されているのでしょうか。

有価証券報告書（☞199ページ）や決算短信（☞194ページ）とは別に、会社法という法律に基づいて株主に開示される財務書類を計算書類といいます。

計算書類として作成される具体的な書類は、**貸借対照表**（☞4ページ）、**損益計算書**（☞11ページ）、**株主資本等変動計算書**（☞26ページ）および個別注記表です。さらに、これらとは別に附属明細書の作成も必要とされています。このため、計算書類に附属明細書を合わせて計算書類等ということもあります。

```
計算書類
 ●貸借対照表
 ●損益計算書         ⎫
 ●株主資本等変動計算書  ⎬ 計算書類等
 ●個別注記表          ⎭
     ＋
 附属明細書
```

連結計算書類

　個別ベースで作成される計算書類とは別に、連結ベースで作成される連結計算書類もあります。連結計算書類は、有価証券報告書を作成する会社であれば作成の義務があり、それ以外の会社でも会計監査人が設置されている会社は、任意で連結計算書類を作成できることになっています。

　連結計算書類として作成される具体的な書類は、連結貸借対照表、連結損益計算書、連結株主資本等変動計算書および連結注記表です。

```
連結計算書類
●連結貸借対照表
●連結損益計算書
●連結株主資本等変動計算書
●連結注記表
```

会計監査

　資本金5億円以上または負債の総額が200億円以上の会社は、会社法によって監査法人または公認会計士による**会計監査**（☞212ページ）を受けることが義務付けられています。

　監査対象となるのは計算書類とその附属明細書、そして連結計算書類です。

有価証券報告書との違い

　有価証券報告書と（連結）計算書類は、それぞれ根拠となる法律が異なり、財務書類に関しても相違する部分があります。

　ただし、開示すべき書類の範囲が異なるだけで、もちろん有価証券報告書と（連結）計算書類で計算される利益の額が異なるということはありません。

＜有価証券報告書と（連結）計算書類の相違：一部＞

	有価証券報告書	（連結）計算書類
根拠となる法律	金融商品取引法	会社法
（連結）キャッシュ・フロー計算書	開示必須	開示不要
連結包括利益計算書	開示必須	開示不要
セグメント情報の注記	開示必須	開示不要
ストック・オプションの注記	開示必須	開示不要
資産除去債務の注記	開示必須	開示不要
退職給付の注記	開示必須	開示不要
関連当事者の注記	連結ベースでの注記	個別ベースでの注記

キーワード40

IFRS（国際財務報告基準）

IFRSが国際的な会計基準を意味していることは知っていますが、現在、日本の会社ではどのように取り扱われているのでしょうか。また、IFRSとは別に日本版IFRSというものができたというニュースを目にしましたが、どういったものでしょうか。

　よく目にする「IFRS」とは、英語のInternational Financial Reporting Standardsの頭文字をとったもので、「イファース」や「アイファース」と読みます。日本語では「国際財務報告基準」と訳されています。

　IFRSは、国際会計基準審議会（IASB）という組織が策定している会計基準の総称で、ヨーロッパのEU加盟国を中心として120か国以上の国や地域で採用されている、文字どおり国際的な会計基準です。ビジネスや投資が当たり前のように国境を越えて行われる現代において、各国の会社が同一の会計基準を適用することは、会社の業績を同じモノサシで計ることができるという点で大きな意義があります。

　日本の会計基準もIFRSとの相違をなくすよう対応が進められています。しかし、今のところ日本の会計基準とIFRSの間には、**財務諸表**（☞1ページ）の様式から各財務諸表項目の会計処理に至るまで、大小さまざまな相違点が存在します。

日本ではIFRSは任意適用

現在、日本では、人材面でIFRSに基づく**連結財務諸表**（☞144ページ）を作成できる体制が揃っていることなど一定の要件を満たした会社について、日本の会計基準に代えてIFRSを適用し、連結財務諸表を作成することが認められています。一時は、上場会社に対してIFRSを強制的に適用するという議論もありましたが、現在のところは、会社が自主的に適用することを妨げない「任意適用」という位置付けになっています。

金融庁が2015年4月に公表した「IFRS適用レポート」によれば、2015年3月末時点において75社（うち上場会社は73社）がIFRSを任意適用しています。数自体はまだ少ないものの、2012年7月時点の7社と比べると短期間に大きく増加し、医薬品や情報通信、卸売などの業種に属する大企業を中心に適用が進んでいます。

また、株式市場における時価総額ベースでは、2015年3月末に上場会社全体の時価総額の18.5％をIFRS適用会社が占めており、単純な会社数以上の存在感があります。IFRSへの移行に当たっては対応作業に相当な時間を要することから、任意適用の準備を進めている会社を含めると、今後も適用社数は一層増加することが予想されます。

< IFRS 適用会社の例>

業種	会社
医薬品	武田薬品工業、アステラス製薬
卸売	三菱商事、三井物産
情報通信	ソフトバンク、ヤフー

 ## 4つ目の会計基準となる「修正国際基準」

　日本における新しい動きとして、2016年3月31日以降に終了する連結会計年度からは、「修正国際基準」によって連結財務諸表を作成することが認められています。修正国際基準とは、IFRSの一部に日本独自の削除または修正を加えたもので、一般には日本版IFRSなどと呼ばれることもあります。

　修正国際基準は、現在、日本で適用が認められている会計基準としては、日本基準・IFRS・米国基準に続く4つ目のものとなります。ただ、修正国際基準はまだ導入されたばかりであり、実際に適用する会社がどのくらい出てくるかはわかりません。

　修正国際基準では、IFRSと日本基準との間で、会計基準に係る基本的な考え方に重要な差異のあるものなどについて、削除や修正が加えられています。実際に削除や修正が行われた基準の1つに「のれんの会計処理」があります。のれんの会計処理は、IFRSでは、**のれん**（☞85ページ）は償却しないものとされていますが、日本では償却すべきものとする考え方が強く、修正国際基準ではのれんについて規則的な償却を行うことを求めています。

キーワード41

会計監査

　会計不祥事が起きると、会計監査はきちんと行われていたのかという点が必ず話題に上りますが、会計監査とはどのようなものでしょうか。また、普段接する機会がない監査法人というものについても簡単に教えてください。

　会社の作成した**財務諸表**（☞1ページ）が会計基準に従って正しく作成されているかどうかを、会社から独立した立場にある第三者が確かめることを会計監査といいます。

　上場会社は、証券取引所を通じて誰でも自由に株式を売買することができるため、多数の投資家が存在します。また、事業規模が大きいことから、金融機関など、株主（投資家）以外にも利害関係者が多数います。そこで、これらの利害関係者のために、自社の決算を定期的に開示しています。

　そして、その決算情報が正しいかどうかについて、金融商品取引法により、会計と監査の専門家である公認会計士や監査法人による監査を受け、証明を得ることが義務付けられています。

　また、上場していない会社であっても、一定の規模以上の大会社＊には別途、会社法により会計監査が義務付けられています。

＊　一定の規模以上の大会社：会計監査の対象会社は、資本金5億円以上または負債総額200億円以上の会社

二重責任の原則

　適正な財務諸表を作成する上で、経営者と監査人には「二重責任の原則」というものが存在します。

　二重責任の原則とは、財務諸表を会計基準に従って適正に作成する責任は経営者にある一方で、その適否を判断する責任は監査人にあるというものです。

　そのため、故意であるかどうかにかかわらず、虚偽の財務諸表が開示された場合、第一義的には財務諸表の作成責任者である経営者にその責任があります。経営者には虚偽のない財務諸表を作成して開示するという強い意志と、そのために必要な社内の仕組み（内部統制）を整えることが求められています。

　そして、監査人には監査基準に準拠した監査を行うことで、財務諸表の虚偽記載を発見することが求められています。会計不祥事が起きたときに、監査人である監査法人や公認会計士の責任が大きな問題となるのは、監査が適切に行われていたのかという疑問を抱かれているのはもちろんですが、会計監査に対する社会の期待の表れともいえます。会計監査に対する期待や信頼感が、会計監査制度の根幹となっていますので、それを損なうことのないよう監査人は必要十分な監査を行うことが求められています。

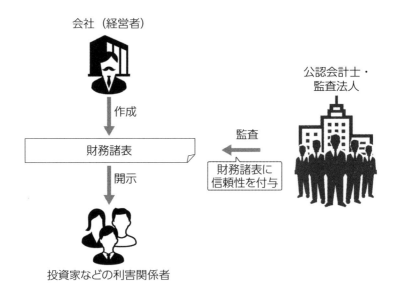

 監査法人

　監査法人とは、公認会計士が5人以上集まり、会計監査を組織的に行うことを目的に設立された法人をいいます。事業活動が多様化・複雑化している上場会社では会計監査の負担も大きくなるため、ほとんどの会社が個人の公認会計士ではなく、監査法人による会計監査を受けています。2016年9月末時点で、217の監査法人がある（日本公認会計士協会HP）とされていますが、その中でも、BIG3またはBIG4といわれる監査法人の規模は突出して大きく、それぞれ数百人から数千人の公認会計士を抱え、グローバルに展開する会社の監査に対応できるよう、海外の大手会計事務所と提携しています。

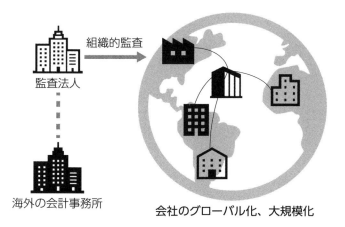

会社のグローバル化、大規模化

リスク・アプローチによる監査

　冒頭に記載したとおり、公認会計士や監査法人による監査を受けなければならない会社は、上場会社など規模の大きな会社が中心となります。中には**売上高**（☞30ページ）が何兆円にも上り、何百もの子会社を有して世界中で事業展開をしている会社もあります。そのような会社のすべての会計記録を限られた人員や時間で、詳細に検証することはできません。そのため監査は、リスク・アプローチという考え方に基づいて行われます。

　リスク・アプローチでは、すべての会計記録を詳細に検証するのではなく、監査対象会社の事業内容や会社を取り巻く経済環境などを勘案して、財務諸表に重要な虚偽の表示が生じる可能性が高い項目を特定し、そこに重点をおいて監査を行うというものです。そのため監査を行う公認会計士には、会計基準に対する知識はもちろんのこと、監査対象会社のビジネスを理解し、その業界の商慣習や最新動向などにも注意を払うことが求められます。

キーワード42

内部統制報告制度（JSOX）

近年社内外で「内部統制」という言葉をよく目にします。特に財務報告に関連する内部統制については、JSOXという制度が導入されたことで、当社でも作成する資料や業務上の手続が増えたように思います。JSOXとはどのような制度で、そこに至った背景には何があるのでしょうか。

内部統制

内部統制とは、次の4つの目的を達成するために、会社に組み込まれた仕組みをいいます。

- ❶ 業務の有効性と効率性を高めること
- ❷ 財務報告の信頼性を確保すること
- ❸ 事業に関連する法令を守ること
- ❹ 会社の資産を保全すること

内部統制の具体例としては、取締役会が経営者の業務執行を監視・監督するといった全社レベルのものから、会計システムへの情報の入力ミスを防止するために経理部内で相互チェックを行うといった業務レベルのものまで多岐にわたります。会社にとって必要な内部統制を構築して、運用する責任は経営者にあります。

内部統制報告制度（JSOX）

　上場会社には、上記の4つの内部統制の目的のうち、「❷財務報告の信頼性を確保すること」、すなわち、ウソ偽りのない財務諸表を作成して開示するための内部統制について、経営者自身がその有効性を評価し、結果を公表することが法律で義務付けられています。評価結果は年に1度、「内部統制報告書」として開示することとなります。内部統制報告書に記載された経営者による評価結果が適正であるかどうかについては、監査法人や公認会計士による**監査**（☞212ページ）を受けることが義務付けられています。

　2000年代始めの米国では、大企業による会計不祥事（粉飾事件）が相次いだことをきっかけに、財務報告に関する内部統制の報告を義務付けるSOX法（サーベンスオクスリー法）という法律が制定されました。

　その後、日本でも同じように上場会社の会計不祥事が相次いだことから、米国にならって、2006年に内部統制報告制度が導入されました。日本の内部統制報告制度は、金融商品取引法の中で定められており、日本版SOX＝JSOX（ジェイソックス）とも呼ばれています。

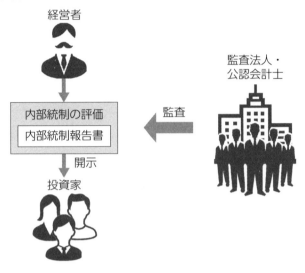

< JSOXのイメージ >

内部統制が有効ではなかった場合

　経営者が自社の財務報告に係る内部統制を評価した結果、内部統制が有効でないとの結論に至った場合には、内部統制に「開示すべき重要な不備」があるという内容の内部統制報告書を開示することになります。上場会社の経営者自らが、自社の内部統制には重要な不備があると表明するものですからインパクトがあります。ただし、「開示すべき重要な不備」があっても、そのことをもって直ちに会社に対して罰則が課されるわけではありません。「開示すべき重要な不備」があるにもかかわらず、内部統制報告書にそれがないとする虚偽の記載をした場合に、金融商品取引法による罰則が課されます。

43 ｜ 不正会計

キーワード43

不正会計

　上場会社で不正会計が発覚したというニュースをよく目にします。当社ではそのようなことはないと思う一方、不正会計が行われる可能性については、役員として常に気を付けなければならないと考えています。世の中で不正会計と言われているものには、具体的にどのようなものがあるのでしょうか。

　不正会計という言葉は法律上の用語ではなく、ほかにも不正経理や粉飾決算といった言葉が同じような意味で使われています。本書では、虚偽の**財務諸表**（☞1ページ）を作成し、開示することを不正会計とします。

　古くはエンロン（2001年）やワールドコム（2002年）といった海外での大きな不正会計事件がありました。日本でも2015年には、誰もが知っている大手電機メーカーＴ社の会計不祥事が「不適切会計」として話題となったのは記憶に新しいところです。

　しかし、不正会計は大きなニュースになるものばかりでなく、大小さまざまな会社で毎年のように起きています。

 2015年の不正会計による課徴金は78億円

　不正会計が行われ、**有価証券報告書**（☞199ページ）などの法定開示書類に虚偽の記載があった場合、会社には罰金として課徴金が課されます。

証券取引等監視委員会では、開示規則に違反したものとして課徴金が課されたケースを、毎年事例集にまとめて公表しています。
　2016年8月に公表された事例集によれば、2008年以降、毎年のように億単位の課徴金（1年間の合計金額）が発生しています。上場会社に対する課徴金としては少ない金額にも思えますが、2015年についていえば、冒頭の大手電機メーカーT社に課された課徴金が1社で73億円と非常に多額であったため、1年間の合計では78億円という過去10年間でも突出して大きな金額となっています。

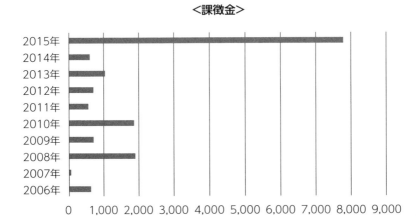

＜「金融商品取引法における課徴金事例集〜開示規制違反編〜」（証券取引等監視委員会）をもとに作成＞

不正会計は新興企業に限らない

　不正会計は、勢いのある新興企業で起きるものというイメージを持たれる方が多いかと思います。一方で、ニュースになるのは大会社の不祥事ばかりなので、不正会計は大きな会社でしか起き

ないと思われる方もいるかもしれません。

しかし、事例集によれば、2006年から2015年までの10年間に発生した合計99件の課徴金事例のうち、東証1部・2部などの本則市場に属する会社が51社であるのに対して、東証マザーズやジャスダックなどの新興市場に属する会社は48件となっています。

新興市場に上場している会社数が相対的に少ないことを考慮すると、新興市場のほうが発生比率は高いものの、件数だけでみれば不正会計は必ずしも新興企業もしくは大企業のいずれかに偏って起きているものではないことがわかります。

<過去10年間の課徴金事例発生件数>

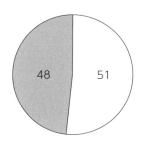

□本則市場　■新興市場

<「金融商品取引法における課徴金事例集～開示規制違反編～」（証券取引等監視委員会）をもとに作成>

不正会計はなぜ起きるのか

不正会計がなぜ起きてしまうのかという理由について、ひと言でいえば、財務報告に関する内部統制が有効に機能していなかったからということになります。

内部統制は、取締役会や監査役による経営者の監視・監督や適切な人材の配置など全社レベルのものから、複数人による相互チェックや承認など業務プロセスレベルのものまで、適正な財務報告が行われることを担保するために会社全体に幅広く存在する仕組みです。

　しかし、内部統制を構築して運用する責任は最終的には経営者にありますので、経営者が自ら定めたルールを逸脱したり、自分自身に過度に権限を集中させたりすることがあれば、内部統制は有効に機能しません。

　また、近年は、事業活動のグローバル化によって、買収して子会社化した海外の会社などが、不正会計の温床になってしまうといったケースも出ています。この要因としては、海外の会社はもともと企業風土が異なることに加えて、親会社の目も十分に届きにくいといったことなどが考えられます。

 ## 実際の不正会計のケース

　事例集を参考に、実際の不正会計事例を2つみてみましょう。

＊下記はいずれも「金融商品取引法における課徴金事例集〜開示規制違反編〜」（証券取引等監視委員会）を参考にしていますが、わかりやすくするため一部簡略化しています。また、用いている数値は例であるため、実際の事例とは関係ありません。

　ケース1は連結の範囲、ケース2は将来の工事原価の見積りと、いずれも経営者自身が直接主導したかどうかは別としても、経営者の責任において判断した結果が財務諸表に大きな影響を与えているものです。

> ケース・スタディ

【ケース１】連結外しによる利益の過大計上

<不正会計の概要>

> 実質的に支配している会社を**連結**（☞144ページ）の範囲に含めるべきであったが、連結の範囲に含めなかった。その結果、本来は連結内部の取引として連結決算上では消去されるべき利益が消去されず、連結**損益計算書**（☞11ページ）に計上されたままとなった。

<不正会計が発生した要因>

> - 業績連動型賞与が存在したことで過度な利益追求が行われた。
> - 適正な会計処理を行うことに対する経営幹部の意識が欠如していた。

A社

A社はB社を実質的に支配
A社はB社との取引により
10億円の利益を計上

B社

○（正しい会計処理）
A社は実質的に支配しているB社を連結子会社とし、A社の連結損益計算書では、B社との取引による利益10億円を消去する。

×（不正な会計処理）
実際には、B社を連結子会社とせず、B社との取引による利益10億円はA社の連結損益計算書に計上されたままとなった。

【ケース2】工事進行基準適用時の見積りの甘さによる利益の過大計上

<不正会計の概要>

工事進行基準（☞36ページ）では、総工事原価（**見積り**）（☞157ページ）に対する実際発生原価から工事進捗度を計算し、進捗度に応じた**売上高**（☞30ページ）を計上する。このため、総工事原価を小さく見積もることによって工事進捗度を高く算定し、結果、売上高の過大計上につながった。

<不正会計が発生した要因>

- 業績回復のために経営者が予算の達成を強く求めたことによるプレッシャーが存在した。
- 経営陣の意向を慮り、財務経理部門による牽制が有効に機能しなかった。

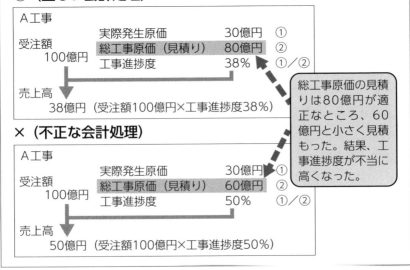

不正会計が行われると、課徴金という直接的な罰則のほかにも会社は大きなダメージを受けます。会社の社会的信用を失墜させ、資金調達や顧客との関係に支障をきたすなど、ビジネスそのものに悪影響を及ぼすことが考えられます。また、不正会計に起因した株価下落や、それによって被った損害の賠償を求めて、投資家から訴訟を提起されるなどの可能性もあります。

　経営者には適正な財務諸表を作成するという意思とそのための内部統制の構築・運用が求められています。同時に、取締役や監査役の方々にはそれを監視・監督するという重要な役割が期待されています。

【著者プロフィール】

郡司　昌恭（ぐんじ・まさやす）
　　公認会計士・税理士

<略歴>
1977年　栃木県大田原市生まれ
1995年　栃木県立大田原高校卒業
2000年　中央大学商学部会計学科卒業、同年公認会計士2次試験に合格し、監査法人太田昭和センチュリー（現、新日本有限責任監査法人）に入所
2004年　公認会計士登録
2007年　同監査法人を退職し独立開業
現　在　代表取締役を務める株式会社MAACパートナーズにおいて、主に上場会社の財務会計・開示に関するサポート、内部統制の構築・運用に関するサポート業務を提供
　　　　郡司公認会計士事務所では、ベンチャー企業を中心とした税務顧問やM＆Aにおける財務デューディリジェンス・株式価値評価業務、TOB等における第三者委員会の委員等

<主な著書>
『就活生はユーホーをさがせ』（青月社）
『フローチャートで考える非上場株式の相続対策と対策事例』（新日本法規出版、共著）
『初級者のための経理実務Q＆A　検定簿記から経理実務へ』（税務経理協会、共著）

郡司公認会計士事務所
　〒160-0023　東京都新宿区西新宿7丁目22番37号
　　　　　　　　　　　　ストーク西新宿福星ビル3階
　WEB：http://www.gunjicpa.com
　Mail：info@gunjicpa.com

会社役員ならこれだけは知っておきたい 精選 会計キーワード

2016年11月4日　発行

著　者　郡司　昌恭 ©

発行者　小泉　定裕

発行所　株式会社 清文社

東京都千代田区内神田1-6-6（MIFビル）
〒101-0047　電話03(6273)7946　FAX03(3518)0299
大阪市北区天神橋2丁目北2-6（大和南森町ビル）
〒530-0041　電話06(6135)4050　FAX06(6135)4059
URL http://www.skattsei.co.jp/

印刷：奥村印刷㈱

■著作権法により無断複写複製は禁止されています。落丁本・乱丁本はお取り替えします。
■本書の内容に関するお問い合わせは編集部までFAX(03-3518-8864)でお願いします。

ISBN978-4-433-41526-6

平成27年10月改訂　問答式
法人税事例選集

公認会計士・税理士　森田政夫　共著
公認会計士・税理士　西尾宇一郎

日常の事務に関連する税務の基礎から、税務や会計処理の上で判断に迷うものまで、具体的な事例を取り上げて解説。また、受取配当等の益金不算入制度など平成27年度税制改正事項を加えて詳説。

■A 5 判1,320頁／定価：本体 4,000円＋税

第2版
非居住者・外国法人
源泉徴収の実務Q&A

税理士　門野久雄　著

国際的な取引の増大に伴い増加する源泉徴収を中心とする課税の問題について、重要ポイントを解説した旧版に、国際課税の原則に基づく「帰属主義」による税制改正事項を新たに加えてQ＆A形式で詳解。

■A 5 判696頁／定価：本体 3,800円＋税

プロの実務をサポートする［週刊］税務・会計Web情報誌

プロフェッションジャーナル
Profession Journal

税務・会計　　労務・法務・経営　　読み物　　速報解説　　新着情報

税務・会計を中心に、労務・法務・経営といった幅広いジャンルの最新情報・実務に役立つ情報をお届けする［週刊］Web情報誌です。

■年間購読料／15,000円＋税

発行元　　株式会社プロフェッションネットワーク
販売代理店　株式会社 清文社

お申し込み方法・詳細は清文社ホームページよりご確認ください。
http://www.skattsei.co.jp/